皮 书 研 究 · 二

B

皮书研创与智库建设

PISHU INNOVATIONS
AND
THINK TANK CONSTRUCTION

主　编／谢曙光
副主编／蔡继辉　吴　丹

社会科学文献出版社
SOCIAL SCIENCES ACADEMIC PRESS (CHINA)

代序

发挥皮书平台优势　提高研创队伍素质[*]

王伟光

各位来宾，女士们、先生们：

今天，来自全国各地、各行业的专家学者汇聚南昌，出席由中国社会科学院主办的第十三次全国皮书年会。在此，我代表中国社会科学院向会议的召开表示热烈的祝贺，向来自全国各行业、各地区、各领域的皮书课题组的主编和专家学者们表示热烈的欢迎和诚挚的问候，向关心支持哲学社会科学事业、为本次会议的顺利召开给予大力支持的江西省委、省政府和承办这次会议的江西省社会科学院表示衷心感谢！

进入新时期之后，中国共产党对于繁荣发展哲学社会科学有了新的战略思考。加强我国哲学社会科学工作，努力建设具有中国特色、中国风格、中国气派的哲学社会科学，不仅是科学文化事业和思想理论战线的重要组成部分，也是建设有中国特色社会主义事业的有机组成部分，更是推动历史发展和社会进步的重要

---

[*] 本文是根据时任中国社会科学院常务副院长王伟光在第十三次全国皮书年会（2012）上的讲话录音整理而成。

力量。

中国社会科学院是中央直接领导的国家级哲学社会科学研究机构，是马克思主义的坚强阵地、中国哲学社会科学的最高殿堂、党中央国务院重要的思想库和智囊团。这是党和国家对中国社会科学院的定位，也是对哲学社会科学的重视。每年的全国皮书年会，不仅是以中国社会科学院为代表的智库交流与合作的平台，也是中国哲学社会科学界的一次重要的学术会议，希望与会的皮书主编和专家学者们可以围绕"皮书的内容创新和学术规范"这一主题，互通有无，进行充分的研讨和交流。

作为高端智库性产品，皮书不仅仅是一项孤立的研究成果，更是对当前中国与世界热点问题进行年度监测并对中国经济社会发展起到积极推动作用的中国社会科学研究的一种重要成果表达形式，是社会科学工作者服务于中国社会主义现代化建设的重要载体，是有关中国发展、中国经验、中国道路的哲学社会科学重要研究成果。皮书自 20 世纪 90 年代出版以来，至今已连续出版 20 多年，2012 年的品种数将超过 230 种。随着皮书出版年份的增加、研究领域的拓展，内容积累越来越厚重；特别是随着近年来以皮书数据库建设为主的皮书数字化，以及以与荷兰 BRILL 出版社合作出版英文版皮书为主的皮书国际化的深入发展，皮书这一智库性产品将形成更大的集聚和放大作用，其价值更加不可估量。

同时，皮书也是哲学社会科学人才培养特别是青年科研人员培养的重要平台。党的十七大对繁荣哲学社会科学提出了新要求，鼓励和鞭策哲学社会科学工作者阔步向前。作为我国哲学社会科学研究的最高殿堂，中国社会科学院对人才培养非常重视，提出了人才强院战略。皮书作为应用对策性研究成果的出版发布平台，注重实证性、原创性；同时，皮书是集体智慧的结晶，对学术团体的帮助很大，这些都为哲学社会科学人才特别是青年科研人员的学习、合作、交流、共享提供了宽广的平台。

皮书取得的这些成绩与在座每一位皮书研创者的努力分不开，而皮书的每一步发展也得到了全国很多哲学社会科学单位的关注与支持。为不断提升皮书质量、增强皮书品牌效应、打造中国哲学社会科学界的高端学术图书和特色图书品牌，2011年，中国社会科学院已将皮书整体纳入哲学社会科学创新工程，为皮书的研创出版和品牌维护提供了有力的支持和推动，也将为中国社会科学院皮书课题组的研创积极性以及皮书的长足发展奠定坚实有力的基础。

在这里，我想特别强调一下主编在皮书研创过程中应当发挥的重要作用。主编是一部皮书的总设计师，是众手成志的总指挥，是皮书质量的保证，是皮书的第一责任人。所以，皮书主编要认真学习贯彻2011年2月在京西宾馆召开的全国皮书研讨会会议精神，学习、执行好《皮书主编工作条例》，注意把握正确的政治方向和学术导向，严格遵守学术规范，保证数据和信息的准确性和真实性，以科学的研究方法和严谨的治学态度深入开展调查研究，为党和国家的大局服务，为中国特色社会主义建设服务，为传播我国哲学社会科学成果服务。

繁荣发展哲学社会科学是关乎党和国家事业发展，推动中国特色社会主义沿着健康轨道前进的一项重大而紧迫的战略任务。作为我国哲学社会科学的优秀成果，皮书更要紧随时代步伐，不断提高，不断创新。这就要求皮书研创队伍要增强自己的责任感和使命感，坚持马克思主义的理论指导，把握正确的舆论导向，将高端科研人才和新生科研人才注入皮书的研创队伍中，全面保证皮书的长远发展。

最后，我向来自全国各系统的皮书主编和专家学者再次表示感谢，希望中国社会科学院以及其他兄弟单位继续加大对皮书的支持力度，进一步做好皮书的研创与出版工作。希望本次会议能取得丰硕的成果。

谢谢大家！

目录 Contents

前 言 …………………………………… 谢曙光 / 001

总 论 / 001

智库四大要素与皮书研创 …………………… 李 扬 / 003
智库报告：中国经济发展新阶段 …………… 李 扬 / 008
皮书出版要结合智库建设谋划发展 ………… 邬书林 / 026
皮书研创与智库建设 ………………………… 谢曙光 / 032
关于创新运营模式、做大皮书智库平台的
　几点思考 …………………………………… 张静华 / 045
关于皮书研创与智库建设的一点思考
　——以《国际城市蓝皮书》为例 ………… 屠启宇 / 051

皮书研创篇 / 057

关于特殊类型区域发展蓝皮书研创的几点思考
　——以《连片特困区蓝皮书》为例…… 丁建军　冷志明 / 059

打造中国投资市场的权威发布
　　——《投资蓝皮书》研究编写体会 …………… 张志前 / 068
科学中立　建言献策　十年丹心为民生
　　——浅谈《房地产蓝皮书》的资政功效和
　　　　预测成效 ……………………………… 陈　颖 / 075
浅谈皮书主编定位与功能 ………………………… 沈雁南 / 088
永不懈怠地探索区域经济新模式
　　——安徽皮书系列八年回眸 ……………… 王开玉 / 098
《妇女发展蓝皮书》与妇女发展及妇女学
　　学科建设 ………………………………… 王金玲 / 107
区域竞争力研究与科研团队建设
　　——以福建师范大学全国经济综合竞争力研究
　　　　中心的科研团队为例 ………………… 黄茂兴 / 113

品牌战略篇　　　　　　　　　　　　　　　/ 121

皮书 2012：价值与评价 ………………… 蔡继辉　张静鸥 / 123
皮书：如何运用好已有的社会认知
　　——从"定位"理论谈起 ………………… 恽　薇 / 132
皮书的品牌化经营
　　——以"品牌资产"理论为分析框架 ………… 吴　丹 / 141
中国皮书国际化：发展逻辑与未来策略 ………… 史晓琳 / 153
新版皮书数据库：皮书系列数字出版的
　　整装再出发 ……………………………… 胡　涛 / 165
提升皮书研创水平　建设一流智库平台
　　——第十四次全国皮书年会（2013）
　　　　会议综述 ……………………………… 丁阿丽 / 173

皮书编辑篇 / 181

把握传播规律，提升皮书品质 …………… 陈凤玲　许秀江 / 183
内外兼修
　　——论地方类皮书的品质提升及资源整合 …… 桂　芳 / 187
皮书编辑实践中的几点思考 ………………………… 王玉山 / 201
以父母之心，塑造皮书的完美性格 ………………… 蔡莎莎 / 212
皮书报告关键词选取问题探讨 ……………………… 张艳丽 / 219

附　录 / 229

中国社会科学院皮书管理办法 ………………………………… / 231
社会科学文献出版社关于皮书准入与退出的
　　若干规定（试行） ………………………………………… / 237
社会科学文献出版社关于加强皮书编审工作的
　　有关规定 …………………………………………………… / 241
社会科学文献出版社皮书责任编辑管理规定 ………………… / 246
第三届皮书学术评审委员会委员名单 ………………………… / 250
名词解释 ………………………………………………………… / 254

皮书大事记（1989~2014年） ………………………………… / 257

前　　言

作为重要的智库产品，皮书是对当前中国与世界热点问题进行年度监测并对中国经济社会发展起到积极推动作用的中国社会科学研究的一种重要成果表达形式，是社会科学工作者服务于中国特色社会主义现代化建设的重要载体，是有关中国发展、中国经验、中国道路的哲学社会科学重要研究成果。

从1991年底第一本《经济蓝皮书》诞生算起，社会科学文献出版社皮书系列经过二十多年的培育、发展，规模不断扩大，仅2013年版的各类皮书已达254种，2014年有望突破300种。皮书系列内容涵盖经济、社会、政治、文化、生态环境等现实生活的诸多方面和领域，其美誉度和社会影响力不断提升。当前，皮书不仅成为社会科学文献出版社的图书品牌，而且成为中国社会科学院的学术品牌，并逐步成为中国社会科学成果知名发布平台和世界了解当代中国的重要话语平台！随着皮书出版年份的增加，研究领域的拓展，内容积累越来越厚重，特别是近年来以皮书数据库建设为主的皮书数字化和以荷兰BRILL出版社合作出版的英文版皮书为主的皮书国际化的深入发展，皮书这一智库性产品将形成更大的集聚和放大作用，其价值更加不可估量。

这些皮书所取得的成绩对于皮书出版者来说，既是一种莫大的肯定和鼓舞，更是一种巨大的压力和责任。毕竟，皮书作为一种自觉的研创和出版活动不过二十多年的时间，它仍然不得不面对自身发展中的缺陷与问题；与国家和公众的需求相比，它的能力尚存在差距；与国际标准相比，它的要求还相距甚远！作为一名皮书出版人，在将皮书作为一种出版型态和智库品牌打造的二十多年中，忧患意识始终与我相伴相随。这种忧患意识也在不断激励着我和我的团队以及日益壮大的合作伙伴，不断探索和完善皮书的研创和出版体制、机制、技术规范和评价办法。从2000年夏天开始，我们每年召开一次全国性的皮书年会，组织皮书研创专家和编辑就皮书研创、出版和发布推广等理论和实践的方方面面进行深入研讨和交流。

2011年首部皮书研究系列丛书《皮书研究：理论与实践》出版后，得到了皮书研创者、使用者和出版同行的广泛关注与好评，坚定了我和我的团队在研创出版皮书的同时，对皮书本身进行研究的信心和底气。近三年来，我们进一步对皮书研究和评价工作做了一系列顶层设计和制度性安排。2014年，我们在出版社原皮书评价研究中心的基础上，成立了皮书研究院。皮书研究院作为独立的第三方，对皮书从内容质量、社会影响力监测等方面进行整体评价，并组织优秀皮书奖的评选。同时，对皮书的出版型态、编辑规范、品牌推广等方面内容进行研究，相关研究成果既有在《中国图书评论》等核心期刊上刊发的论文，也有正式出版的研究著作。皮书研究院的成立不仅为构建研究型出版社奠定了基础，更为皮书研创、评价、品牌管理提供了顶层设计的

前　言

基础和制度性保障。

本书的主题是：皮书研创与智库建设。这一主题的设置源于2012年以来，中国社会科学界面临的智库建设的迫切任务，更源于皮书自诞生以来的智库产品的天性。本书的出版至少具有以下两点意义。

本书是对2011年（最近三年）以来关于皮书研创与智库建设最新研究成果的一次全面集结。其中，既有中国社会科学院、国家新闻出版广电总局等主管领导对皮书未来的顶层设计与宏图展望，又有皮书实际运作者对皮书未来品牌维护、评价价值的现实思考；既有皮书主编对皮书实际创作过程的总结、提炼，又有皮书编辑对皮书内容的二次开发与分析。可以说，本书既为皮书的进一步发展描绘了宏图，更为皮书的研创工作提供了专业指南。

本书是对落实习总书记关于加强智库建设指示精神的一次有益尝试。习近平总书记在2012年中央经济工作会议上就曾指出，要健全决策咨询机制，按照服务决策、适度超前原则，建设高质量智库。皮书作为一种专题性研究报告，以定期连续发布的方式，通过媒体的话语转换和传播，影响社会精英，引导社会舆论，凝聚大众共识，进而引起决策者的关注和吸纳，最终影响决策。它基本上涵盖了智库的主要功能和作用方式。因此，本书指出，皮书研创就是智库建设的主要抓手和落脚点。研创一部好的皮书和创建一支好的智库，具有相同的意义！

"皮书"二十年来的发展，离不开中国社会科学院各位领导、学者，尤其是王伟光院长、李扬副院长、李培林副院长的全心投入与大力支持，离不开国家新闻出版广电总局原副总局长邬书林几十年如一日的关心与爱护，离不开全国哲学社会科学规划办公室的长期关怀，更离不开每一位皮书研创者的呕心沥血、兢兢业业，在此，向他们致以诚挚的敬意和谢意。

作为本书主编，我还要感谢蔡继辉、吴丹、丁凡、丁阿丽这几位来自皮书研究院和皮书出版分社的同事为本书的出版、编辑所付出的努力！这本书中"总论"栏目内的几篇文章主要由吴丹、丁阿丽根据三年有关皮书研创与智库建设的讲话稿整理完成，向她们一并致谢。

愿《皮书研究》系列丛书真正起到抛砖引玉的作用，让更多的优质皮书、更多的优秀智库服务于我们所处的这个波澜壮阔的时代。

谢曙光

2014 年 8 月于北京马甸

总论

智库四大要素与皮书研创[*]

李 扬

今年是第十四次皮书年会了,算起来我参加的皮书年会大概有7次。这7次分别有两种身份,过去我是作为皮书的编撰者参加会。刚才主持人说道,2011年开始皮书年会改由中国社会科学院主办,继而我有幸来分管这件事情,所以每次都是我来和大家交流情况,听大家的意见,共同推进这个事情。看到底下人才济济的场面,应当说,作为皮书事业的参与者之一,感到非常欣慰。邬书林副总局长说过,事情做到这样,是可以欣慰了。每次开会大家都很踊跃,一次比一次人多,说明我们这个事情做对了,符合党中央国务院的要求,符合现在社会发展的方向。

一 智库建设的时代背景

每次皮书年会都有一个主题,这次的主题是"皮书研创与

---

[*] 本文是根据中国社会科学院副院长李扬在第十四次全国皮书年会(2013)上的讲话录音整理而成。

智库建设"，刚刚谢寿光同志介绍了习近平总书记以及党中央的其他领导关于智库建设的若干指示，我想今天参会的各位来自社会科学的五路大军，大家在自己的领域中，在自己的岗位上，一定也会不同程度地已经卷入了建设智库的浪潮中。那么，现在中国究竟要建成怎样的智库？中国的智库和国际上通行的智库如何对接？中国智库应当有怎样的特色？这些问题都在探讨之中。我们中国社会科学院可能不是最强的，但是肯定是最大的中国社会科学研究机构，因此，也率先被国际智库纳入他们的视野。在接连两次的全球智库评价中，中国社会科学院都被纳入排名。第一次是2010年，中国社会科学院排名第28位，在亚洲排名第一，这毫无疑问的，在中国更是第一了。第二次是在2012年，中国社会科学院排名第16位。另外，除了中国社会科学院总部之外，我们还有几个研究所，像世界经济与政治研究所、西亚非洲研究所也被列入智库排名的行列之中，而且也都有相当好的名次。

中国的智库建设受到国际的关注，首先当然是因为国力的增强，随着中国国力的不断增强，中国的国际影响力也在增强。除此之外，同时也与我们各位有关系，正是中国社会科学界把我们自己的研究成果通过各种方式让国际社会了解，这样，国际研究机构才会把我们纳入他们的评价体系，也正因为如此，它才会把我们的排名一下子能够提得很高。当然，我们做智库不是为国际社会做智库，而是因为中国的经济、社会发展到了需要智库的时候。根据中国社会科学院党组安排，由我来分管我们院的智库的组建工作。接下来，我们还会有一系列的制度安排，在这些安排中，免不了和各位打交道，也请各位踊跃参加我们智库的活动。

我们做学问的学者，凡事喜欢找一找根据。我们可以发现，在中国历史上，智库好像从来就是有的。但现在提出建设智库，有着它独特的时代意义。一是由于现在的情况非常复杂，仅仅靠一支力量或者几支力量来收集、研究、分析、提出建议是不够的，需要多元化的社会研究机构、决策参考机构。二是进一步体现了党中央和国务院决策程序的进一步的民主化。大家感受到，习近平总书记自从任总书记以来不到一年，开了各种形式的座谈会，而且领导直接跟你在交谈，对一些问题进行讨论。这样决策的民主化的程序，这样一个体制、机制已经基本建立了，现在希望把这个程序进一步体制化。

二　智库的四大要素

为了让智库建设能够在健康的轨道上运行，我归纳了一下智库的要素，或者说是一个好的智库应该具备的若干条件，我认为，有四个要素特别重要。

1. 科学性

首先是立场，马克思主义是科学，我们的智库就是要用马克思主义的立场、观点、方法来武装自己，这是坚持科学性的第一条。我们的智库建设，要保持科学性的第一个方面的任务就是要认真学习习近平总书记代表党中央一系列的讲话精神。在经济方面习近平总书记也有一系列的讲话，大家看了以后觉得非常解渴，我早上跟一些同志谈的时候，他们说像专业人士在讲经济工作。当然，科学性肯定还包括资料的来源，研究的资料从哪儿来？这就涉及很多大问题了，现在大家都不说资料来源，这不是科学的态度，不是科学的方法。社会学的资料的取得、收集、处理是有他们一套专业规范的。现在还要面对的是，在IT技术普及的情况下，我们如何来取得资料，如何认定资料，并保证资料的科学性。大家都知道，社会科学绝对不能说用"观点加例子"来做研究，列宁当年就是反对的。社会现象千奇百怪，抛出一个观点，找什么例子都能找到，但是，它能不能代表总体趋势呢？显然是未必的。我们皮书研创要按照智库的要求来发展我们的皮书，在科学性上我们要带头。

2. 独立性

独立性首先强调的是责任，智库应独立地发表意见。于是，智库要对你的意见负责任。在这里我们想，智库恐怕不是政研室，智库也不是宣传部，智库是一个独立的以马克思主义为指导的，以科学方法构造出来的一套研究体制，一个队伍，一套框架。最近我们到国外有些智库去访问，去取经。我们发现，所有的智库，第一强调的就是独立性。不管它的钱从哪儿来的，不管它的出身如何，很多智库出身是某党派的，党派型、社会型、学术机构型，它都有人出钱，无论怎样，他说他的钱是非限定性的，不能限定我做什么研究，不能限定我说什么话，大部分智库都标榜自己是独立的。这样一个状况我觉得我们在智库建设中要注意。要把为党的事业，为人民的事业以一种负责任的态度来研究，研究成果要向党中央和其他相关部门反映。

3. 建设性

所谓建设性，我想强调的是认真做研究的机构，你要说清楚"怎么办"。现在对于一些社会热点、难点问题，提出批评的人很多，好像什么人都能提出批评，正面的人可以批评，反面的人也可以批评。我经常想提的问题是，你能否说清楚"怎么办"。

作为智库，你要拿不出办法来，你的批评就没有根据了。所以说，智库也好，皮书也好，成果一定要有建设性。尤其是我们作为中国社会科学院，毫无疑问是党中央国务院设立的智库，所有的研究成果，应该说清楚"怎么办"。

4. 影响力

要扩大智库的影响力，当然影响是三个层面。第一个层面是对决策者，第二个层面是对社会公众，第三个层面是对国际社会。过去我们不是特别注重成果的传播，注意的话，相对只注意对领导的影响，现在看起来对社会公众的影响也是不能忽视的，也是非常重要的，要用正确的舆论引导人。要把事实告诉公众，依据事实做出分析告诉公众，不能对于社会热点就乱叫一声，就开始谩骂，这样的风气非常不好。我们听习近平总书记讲话，感觉他说这些严厉、严肃的问题，娓娓道来，都是我们应该学习的。

我特别强调一下，国际社会来输送我们的影响力，要有载体，要有渠道，这件事下一步我们还会继续做。我愿意把自己的体会与大家分享，希望得到大家的批评与帮助，谢谢大家！

智库报告：中国经济发展新阶段[*]

李 扬

中国经济现在比较复杂，关注经济问题的人会有这样的判断：很多大的东西还没有最终成型，但有些事实已经形成并获得了共识。这个共识就是：中国经济已经进入了一个新的阶段，即长达 35 年年均 9.8% 的经济增长时期过去了，现在将进入一个新平台，这个平台的经济增速在 7.5% 上下，同时，宏观调控的格局也发生了变化。要想非常准确细致地分析经济形势的话，现在还不是时候，因为情况变化很大。今天我利用这个机会，重点讲一些趋势性的问题，以及一些理念性的问题。为什么要讲趋势？因为中国经济发展进入了一个新阶段，既然是个新阶段，自然有些新趋势。再说理念，这么多年来宏观调控的格局、背后的哲学都在发生重大的变化，我特别希望各位可以跟上这个变化，从而能够更准确地阐释党

---

[*] 本文根据中国社会科学院副院长李扬在第十四次全国皮书年会（2013）上的学术报告录音整理而成。

中央、国务院的决策思路，更准确地把握经济动态，更好地出一些主意。

一 全球经济持续低迷

1. 全球经济有了"新常态"

首先，我们要对全球经济形势有一个概括，我曾经做过判断：这次全球经济危机需要 5～10 年，甚至更长的时间才能恢复正常。现在已经 7 年了，仍没有任何恢复正常的迹象。可以说，以 2007 年开始的次贷危机为标志，全球经济结束了过去 20 余年的增长过程，陷入了长期低迷时期。美国财政及债务危机、欧洲债务和经济危机，以及日本的经济和政府债务危机等，都将长期持续。对这样一个大的环境背景，我们需要清楚。如今是全球化时代，没有任何一个国家可以独善其身，我们所有的活动都会受到全球其他国家的影响，所以必须要有全球意识。

经济增长在低水平上波动，全球流动性过剩，大宗产品价格和资产价格变动不居，贸易保护主义升温，地缘政治紧张，将成为相当长时期内全球经济的"新常态"。一是经济增长低水平波动。危机经过多个阶段，有一阶段是在负增长上，负增长被有效克服了，但是危机的净化作用也被弱化了，以至于现在净增长在低水平上波动。二是全球流动性过剩。发生这些变化是因为救助，而且主要是通过流动性来救助的，全球流动性过剩变成了一个新的问题——钱多。总体来说，世界和中国的钱都太多了，但通过各种方式，被封冻在一个一个小领域中，导致在某个时期出现钱的紧张，但这不是总的情况。三是价格，特别是大宗产品和资产价格变动。传统意义的物价没有多大问题，但是新的价格变动太大了。一是大宗产品，在中国甚至是小宗产品，比如蒜，都会有剧烈的波动。二是资产价格，一类是权益类价格，如我们所知道的金融产品、股票等；另一类是房地产价格，大宗产品变动不居是我们的新常态。四是在这种情况下，贸易保护主义升温。五是地缘政治紧张。现在已经真切地感觉到地缘政治紧张、周边不安宁，这是一个新常态。

我们以前做过一些比较，20世纪的两次危机和这次危机的比较。20世纪有两次危机，一次是20世纪30年代的危机，从1929年开始，一直到二次大战结束之后才恢复，持续了20多年时间。第二次是20世纪70年代的危机，一直到90年代才恢复，持续了20年时间，中间又经过石油危机、国际货币体系危机，局部战争接连不断。这次，我们才过了六七年，由于全球经济恐怕很长时间不能恢复，所以要有一个应对危机的长期准备。

2. 新的"货币战争"已然开始

面对这个危机，全世界已经开始了货币战。主要经济体都在实行货币扩张，这个世界事实上已处在货币泛滥的"洪水"之中。

美联储量化宽松长达4年，现在又说要退出宽松。为解救欧债危机，欧洲央行获得了"最后贷款人"功能，从而也加入了货币扩张的行列。欧洲中央银行按照它原来的设计、功能、机制，并不是一个真正的中央银行，不能放货币，但是由于欧债危机，采取了一系列的变革机制，使得欧洲银行业放水，欧元也在逐渐泛滥。日本安倍政府立足未稳，日本央行便在其胁迫下，使日元供给激增，并导致日元对美元和一揽子货币汇价急降。中国自 2009 年推出 4 万亿投资刺激政策以来，M2 走势重攀高位，形成令人生畏的"堰塞湖"。

从金融的角度来看，所有数字的热化都是从 2009 年开始的，此前没有太大问题。到了 2009 年，大量的问题都出来了，有人用"堰塞湖"来形容它，美元、欧元、日元、人民币都在大量放水，这个世界"洪水"泛滥是确定的事实，现在的问题是怎么来收这个"洪水"，怎么来约束这个"洪水"。用"洪水"来比喻的话，要想治理绝对不是两三年的事情。

在各国竞相实施数量宽松货币政策的条件下，各主要国家货币间的汇率也变动不居，出现了竞争性贬值趋势。这个问题现在非常突出，从国际上来看，钱多，而且是无规则的多，在这种情况下，钱和钱之间的价格、汇率也在剧烈波动。

3. 更严峻的挑战来自新的"国际规则"

特别值得关注的是，面对新的国际形势，发达经济体正在利用目前仍由他们把持着的全球治理的主导权，重塑全球化新模式和新规则。在这里我想跟各位提及的是新的国际规则，我们知道，过去的国际规则是 WTO，我们为了适应这套规则，做了长期艰苦的努力，加入了 WTO，成了成员国，按照 WTO 规则形式使我们自己得到了发展，但当中国在原来的国际规则下发展自己并取得了举世瞩目成绩的时候，原来制订规则的人却不愿意了。美国四十几个部门把几百项规则罗列出来看，发现中国在这些规则下获得了好处，所以他们要确定新的国际规则。

如今，规则已经出现了变化的端倪，主要由四个协定构成了这个规则的基本框架。第一个是《跨太平洋战略经济伙伴关系协定》，即 TPP，日本开始加入这个进行谈判。TPP 刚出来的时候，是美国带着几个不起眼的小国在运作，我们不重视，后来发现这是一套规则，但由于美国在，就把我们边缘化了。第二个是《跨大西洋贸易与投资协定》，是美国与欧洲两个传统的发达经济体之间的合作。第三个是《多边服务业协议》，从部门上来说，它专门针对服务贸易，特别针对中间的金融，有一个新的规定。第四个是《日欧经济伙伴关系协定》，是日本安倍上台之后与欧洲签订的。把这些连起来看，美国重返太平洋，美国、欧洲跨了大西洋形成同盟，日本和欧洲针对最有经济力的服务贸易签订了新协定，其中就是没有中国，所以，国际战略的意图是极为清楚的。由美欧主导的《跨太平洋战略伙伴关系协定》（TPP）、《跨大西洋贸易与投资协定》（TTIP）、《多边服务业协议》（PSA）、《日欧经济伙伴关系协定》清楚地表明，发达经济体作为一个集体，已经不满于目前的全球化模式及其运行规则。为了夺回全球治理的主导权，发达经济体正另辟蹊径，甚至试图建立新的 WTO。

这些规则厉害在哪里？新规则的倾向是提高各国正常经济交往的门槛。其中最重要的门槛限制，就是所谓"市场经济国家地位"以及所谓"竞争中立"。这些新规则越过了各国的国境，将监察、评估的触角深入到各国国内生产和生活过程的各个环节，如成本、利润、税收、补贴、贷款、汇率等，都在新规则的评估、监测和规范的范围内。过去的国际规则是跨国境，现在的国际规则越过国境，直接到了成本定价上去；过去的国际规则是关注各国最后的价格、汇率,现在的规则直接进入生产环节,更加关注产品的价格制定规则、利润来源、有无国家补贴、有无税收优惠等。这些新规则,在很大程度上指向中国,这对我国的未来发展形成严峻的外部压力。

面对这种情况,现在中央有了非常清晰的思路,就是积极按照这项规则所确定的很多交易机制体制,先做出各种尝试。我们在未来深化市场化改革的发展过程中,必须认真应对这些问题。上海自由贸易区的建设,清楚地表明了我国政府的态度及应对新国际格局的战略:坚定不移地继续推进市场化改革。按照新的规则,政府不再规定什么事情该干,只规定什么事不该干。在这个基础上,谁来干,谁就要提供透明的信息,政府在事中、事后进行监管。整个经济运行的机制在发生变化,希望各位学者在这些方面的研究要加紧,同时皮书研创中也应该体现这些研究成果。

二 中国经济进入结构性减速通道

在经济全球化的条件下,没有任何国家是可以独善其身的,美、欧、日等发达经济体发生危机,其他国家都不可能不受到影响。作为发达经济体经济危机的"镜像",新兴经济体和发展中国家先后陷入经济减速、通货膨胀压力增大、国际收支恶化和本币汇率在剧烈波动中急剧贬值的困境之中。

事实上,如今确实是美国传统的主导力量一直在发挥作用,中国作为新兴力量,在和美国对应地产生影响。比如,美国储蓄不够、中国储蓄过剩,美国逆差、中国顺差,等等。这些情况是一个事实，我们要在这样一个各国互相关联的全球化的背景下来考虑一切问题，包括中国国内的问题。在经济全球化的背景下，如果说发达经济体的经济恢复还需很长时间，那么，包括中国在内的新兴经济体的发展方式转型同样也不可能一蹴而就。

如果说全球经济在2007年就开始了危机，然后进入了一个长期低迷的时期，中国经济就不可能长期地高增长，当然，很多研究都已经指出了这个事实，那么，我们下一步的研究需要指出什么呢？不要简单地说，都30多年了，经济增长速度总该下来了，全世界包括日本的经济曾经也有过两位数增长，但是它只延续了15年，到第16年就下来了；韩国也是到第16年的时候下来了，于是我们也该下来了。这些宿命式语言只是反映了外在表象的规律性，我们应该探讨究竟是什么使得经济的基础发生了变化，使得经济从年均9.8%降到年均7%的水平，这就是经济增长的结构性问题。

经济增长发生结构性变化，是经济成长阶段移转的结果。它区别于周期性，更区别于政策性。这是一个发生在实体经济层面上的自然过程。在历史上，发达经济体也都多次经历过类似的结构性减速（增速）过程。中国经济已经进入结构性减速的通道。有关联的结构有很多，其中最重要的，当属产业结构和生产要素结构。

1. 结构性减速：产业结构变化的影响

过去30年，中国产业结构变化的基本趋势是：一产比重迅速下降，二产比重迅速提高，三产份额缓慢增长。这对应了我国的工业化过程。这一进程的本质，就是大量的劳动人口和资源从劳动生产率较低的一次产业即农业、种植和养殖业等产业中，向劳动生产率较高的二次产业即制造业和建筑业转移。由于二产的劳动生产率高于一产（在中国，制造业的劳动生产率相当于农业的10倍),这种转移意味着整体的劳动生产率日益提高,经济增长速度随之加快。此即"结构性增速"。

但是,经过30余年的发展,我国制造业已趋饱和,人口和资源开始向以服务业为主的第三产业转移。然而,研究显示,中国服务业的劳动生产率远远低于制造业,例如,在劳动生产率最高的上海,前者只相当于后者的70%。显然,当越来越多的人力和资源从制造业转移到服务业之时,中国经济总体的劳动生产率必将下降,并进而拖带经济增长速度趋于下降。

我们在上海做过一个分析,上海服务业的劳动生产率只相当于制造业劳动生产率的70%。在这样的变化结构上,当我们认识到中国的生产率下降、经济增长率下降,就是因为我们将越来越多的资源转到了服务业上,这个时候我们的任务已经很清楚了,我们要努力提高服务业的劳动生产率、努力发展现代服务业,而不能只是发展跳舞的、唱歌的服务业。应当看清楚的是,我们的高端服务业,即劳动生产率能高于制造业的服务业仍然是很少的。

2. 结构性减速:生产要素结构变化的影响

劳动、资本和技术进步,是支撑经济发展的主要生产要素。过去这些年,我们是什么情况呢?劳动投入增长是支撑我们35年高速发展的主要因素,每年一千万左右的农民工进城务工,有效地支撑了中国经济的高速增长;资本投入不断增加,投资率不断提高,刺激了经济的增长;转移人口越来越多,技术进步也在缓慢进行,所以,我们过去的经济增长率就自然提高了。

但情况现在转变了。第一,劳动人口已经开始下降。随着转移人口日趋下降和人口老龄化日趋严重,劳动投入的增长率将趋下降,摩擦性失业和结构性失业也将长期并存。第二,资本投入现在也下降了。人口老龄化、传统工业化接近尾声、消费率缓慢提高，导致中国几十年居高不下的储蓄率趋于下降。这使得无通货膨胀的资本投入亦趋逐渐下降之势。没有人、没有资本，靠什么增长？就只能靠第三个因素技术的进步。可惜技术进步太缓慢了。这三个因素一叠加，未来经济增长率自然会下降，这又是个结构。

如果从结构上分析，经济结构增长速度下降是很正常的事情，我们若能在新的结构上提高经济增长率、提高第三产业的劳动效率、提高科技创新水平，这个国家的战略就凸显了。最近有不少国内外机构对中国的潜在增长率进行了预测，中国社会科学院宏观经济运行实验室也对此作了预测：2011~2015年在7.8%~8.7%的区间（见表1）。

表1　中国社会科学院宏观经济运行实验室的预测结果

时间	α	1-α	潜在增长率（%）	资本增长率（%）	劳动增长率（%）	技术进步份额	节能减排冲击效应
2011~2015年	0.7	0.3	7.8~8.7	10~11	0.8	0.2	-1
2016~2020年	0.6	0.4	5.7~6.6	9~10	-1	0.3	-1
2021~2030年	0.5	0.5	5.4~6.3	8~9	-0.5	0.4	-0.5

由图1~图6可以看出，GDP在高峰之后下降，PPI、CPI总体来说是下降的，在这段时间里，21世纪头几年里是上升的，月同比也是这样的情况。制造业采购经理人指数（PMI）和非制造业采购经理人指数的信心也在下降。就业情况，全国职业求人倍率越过1，现在维持在1以上，人已经开始不够了。人民币的实际有效汇率在不断上升。

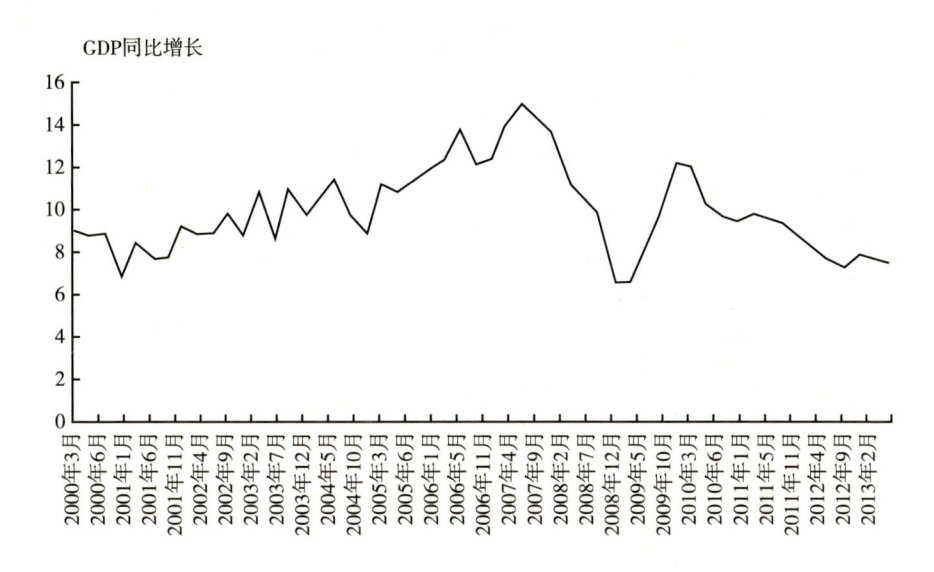

图 1　GDP 同比增长情况

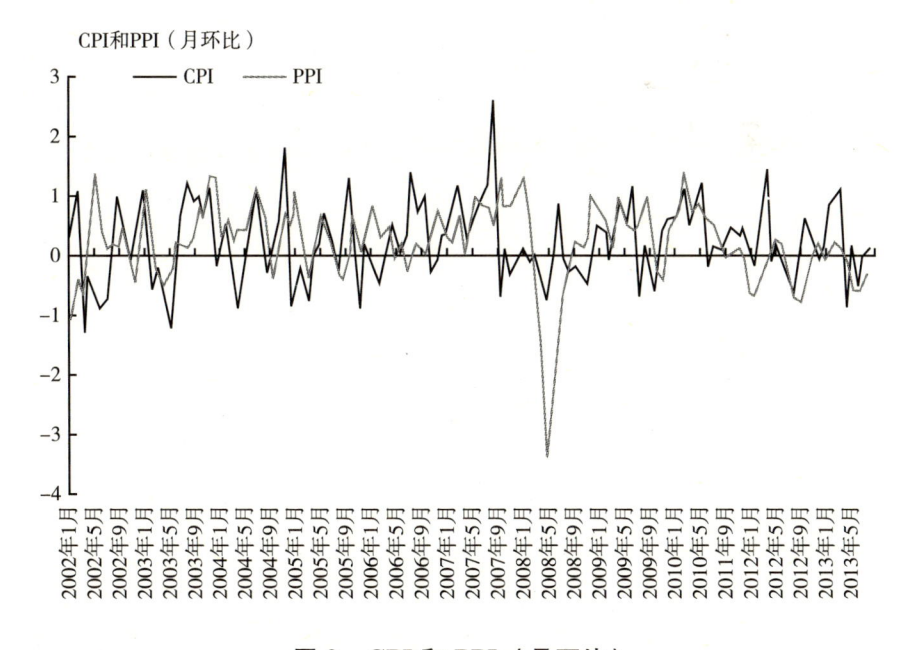

图 2　CPI 和 PPI（月环比）

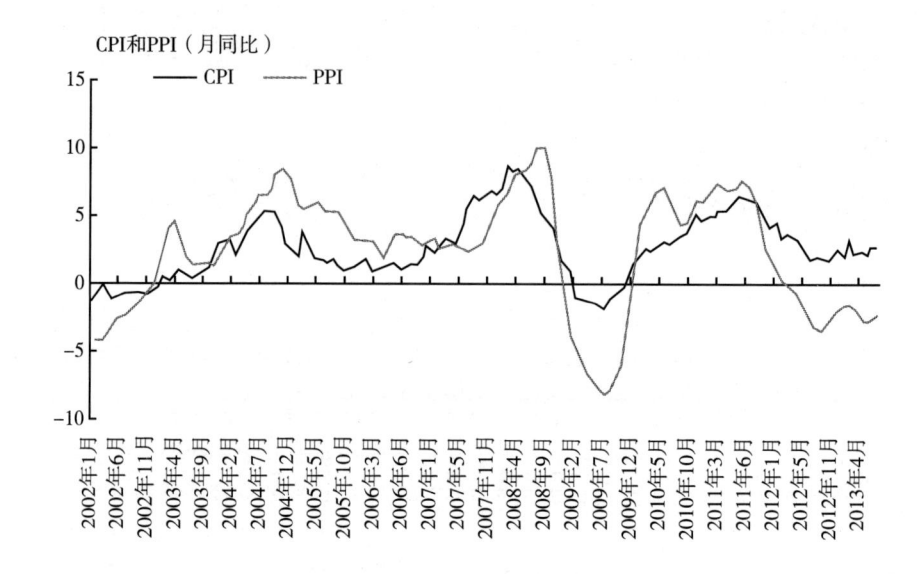

图 3　CPI 和 PPI（月同比）

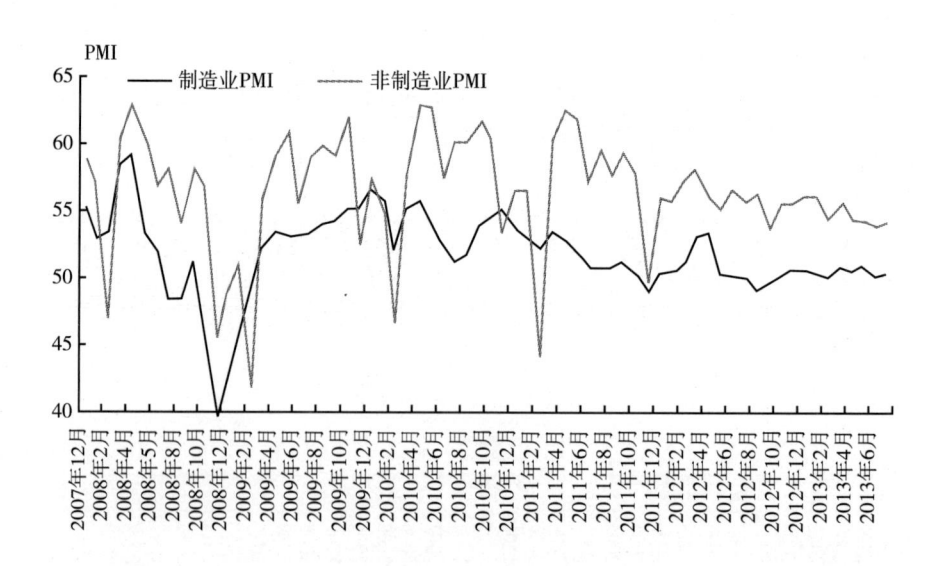

图 4　PMI

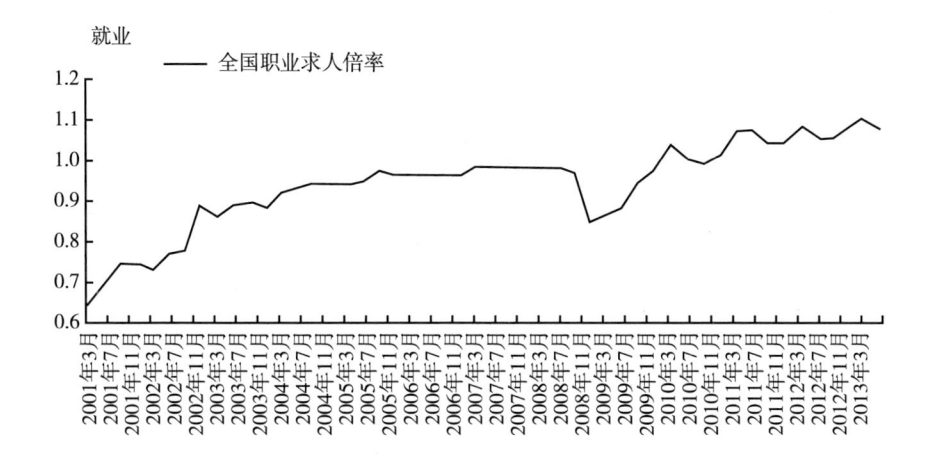

图 5　就业情况

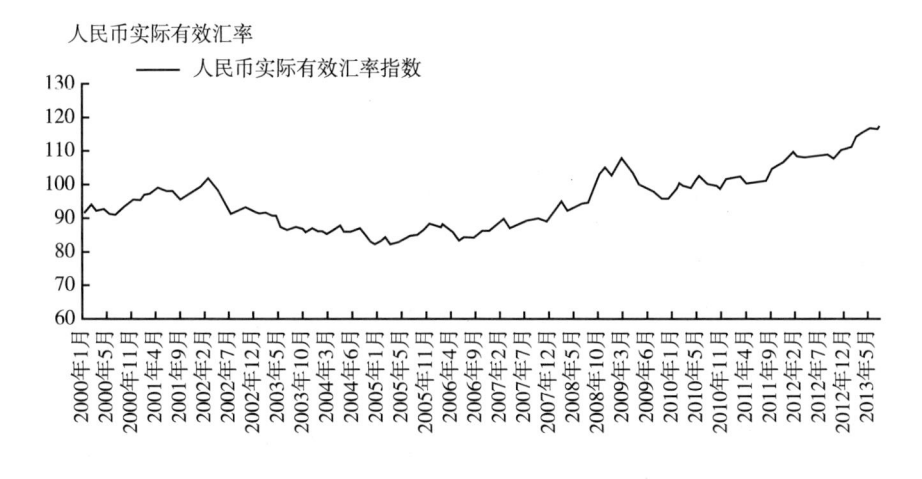

图 6　人民币实际有效汇率

总之，我们进入了一个新的经济增长平台，这个经济增长平台是实体经济因素的变化造成的，不是通过政策就能让它重回原来的平台，所以大家要适应这个平台。

三　关键是要转变经济发展方式

这段时间，习近平总书记和李克强总理多次强调：我们很清楚如何把经济搞上去，但是我们不要搞上去，我们要在相对低的水平上，留足空间转变经济发展方式。这背后表明了一个逻辑关系，中国经济上去之后，周边很多国家也会上去，包括美国也会因此获益，于是，很多国家在怂恿我们快速发展经济。我们的空间很简单，政府投资下去，GDP 就上来了。但是，我们不能这样做，因为投资下去了，GDP 当然会上来，但来年的产能就更加过剩了。调了结构之后，再加大投资，才不至于造成新的产能过剩；先把扭曲的结构调过来，我们才能加大投资、加大消费、加大出口，才能起到正作用。

1. 减速并不可怕

断定中国经济进入结构性减速时期，虽然听起来不那么令人振奋，但是，考虑到结构性减速为我国转变经济发展方式和调整经济结构提供了新的压力、动力和机遇，这一变化却是值得欢迎的。

减速是不可怕的，因为速度下来之后，各方面崩的不那么紧了，就可以调整，而调整的方向呢？"十八大"阐述得很清楚，"要推动经济持续健康发展，要求的是尊重经济规律、有质量、有效益、可持续的速度，要求的是在不断转变经济发展方式、不断优化经济结构中实现增长"。沿着这一发展轨道前行，我国的经济增长将更为真实，从而会给我们的人民带来更多福祉。过去的速度是高，但是质量比较差，从 20 世纪以来，就开始说转变经济增长方式，后来改为转变经济发展方式，一直在说，但一直没有机会落实,因为速度很快、骑虎难下,现在的情况好,因为经济增长速度下来了。

在这个水平上,我们不是无所作为。比过去稍慢但质量和效益均有所提高的增长速度,恰恰体现了科学发展观的根本要求,也为我们跨越中等收入陷阱提供了切实的物资保证。

2. "水分"之辨

什么是水分?一说水分,很容易说是地方政府虚报,从缜密的研究来说,地方政府有虚报的因素,但是我们也有漏统的情况。由于经济发展非常快,经济结构变的也很快,统计制度覆盖不了新的变化,所以,有漏统的一块。通过长期的研究结果来看,漏统大于虚报。我们现在正在搞第三次全国经济普查,从金融角度来说,我们也有我们的研究方法,货币供应增长这么快,但是物价没有选择这么大的压力,一定有一块我们没看到,这是一个结果,大家可以去评判。

把"造假"的水分排出,在我国经济发展中,我们至少可以识别出如下三种水分:第一个是所谓外延的水分。投资,但是长期不形成生产能力,只要投下去就拉高GDP,但是投资是个烂尾楼,长期在那儿拖着,在这个过程中很多人发财致富,但是对社会来说却什么也没留下来、没形成供应,这个是水分。现在更重要的是:投资了,形成生产能力了,但同时也形成过剩生产能力了,供给远大于需求,从国际来看,85%的产能利用率是正常状况,中国平均的产能状况是80%,有的已经70%,如果没有别的力量进行援助的话,70%是破产的水平,你的产能只能用足70%,这就该关门了,很多行业总体来说已经该关门了,但如果只想把速度搞上去,就还在投资,这就是我们说的恶性循环。第二个是内涵水分。用过多的投入产生定量的增长结果。第三个是生态破坏的水分。应当扣除生态退化与环境污染造成的经济损失。

现阶段我国经济存在大量水分，固然与我国发展阶段密切相关，更与由赶超发展战略决定的 GDP 至上的激励机制有关。提高效率是根本要求，所谓提高效率，意味着五点：①经济增长应该是没有水分的。②就业应该是同步增长的。如果投一个三峡，投一个高铁，没有就业产生，如果投给小微企业，会有上千万的就业，这又是一个问题：你投什么，什么优先。如果就业优先，你肯定不投给供给，但如果净增长优先，那么，肯定投大项目。③增长与收入应该同步，收入要增加。④效益应该提高。⑤资源环境支持。

四　宏观调控政策框架的调整

宏观调控政策的立场以及逻辑有以下几个方面的变化。

1. 需求管理已至末路

需求管理一向是各国宏观经济调控政策的主要倾向，此次危机以来，它更是被用到了极限。然而，需求管理或能发挥扩张需求总量的作用，但显然无助于结构转型与结构优化。另外，需求管理政策长期过度使用，其效率已然递减，其副作用则由微而著。美、欧、日等国的"量宽"以及中国 2009 年的刺激政策就是明证。

如果我们认定转变经济发展方式、调整经济结构、提升创新能力等构成我国未来长期发展的真正基础，那么，我国的宏观经济政策框架就应及早转型：一方面，为了宏观稳定，我们应缓行、慎行需求管理；另一方面，为了搞活微观，我们应尽快推进新一轮体制机制改革。

2. 重要的是激发企业和市场的活力

转变的要点是什么？是激发企业和市场的活力，我们不能再犯经济增速一变化就立刻出手干预、造成市场扭曲的错误。应当以企业为基础、市场为主导，依靠企业和市场去发现并纠正结构失衡。一方面，通过降低市场准入门槛、降低税负、降低融资成本等措施，激发企业主体的活力，让它们承担起变革的责任；另一方面，通过解除各种僵硬的体制机制约束，提高要素市场（劳动力、资本、土地等）效率，借以全面提升经济体系的竞争力。

政府的功能，不能只是充当守夜人，要从热衷于在第一线上招商引资、扩大投资，转向维护公平竞争环境、制定标准、保护环境、支持创新等，这才是我们政府应做的事情。尽可能让市场不要形成政策依赖，同时让市场感受到政府是在政策框架内有所作为。

近一年来，各位在各个层面上都会遇到一些说法，特别是有外国人说：将近一年了，（政府）什么都没干。这一年，政府在统一思想、政策措施上确实没干什么，但是很多见机早的企业都知道政府不管我们了，企业得想想以后该怎么干了。这正是中央所需要的事情，这正是市场化改革的关键所在。

3. 宏观稳定、微观搞活、社会政策托底

关于宏观经济政策已经有一个标准的全面表述，叫作宏观稳定，微观搞活，社会政策托底。所谓宏观稳定，就是坚持积极的财政政策和稳健的货币政策，向社会释放推进经济结构调整的坚定信号。所谓微观搞活，就是要抓紧落实已出台的各项改革政策，以解决突出问题导向、推出新的改革措施、营造公平竞争的市场环境；要及时减轻企业经营负担，努力解决中小企业融资难、融资贵等问题，创造条件使企业进行存量调整，促进生产要素优化组合，从而增强企业发展动力和内生活力，推动企业技术创新和转型升级。所谓社会政策托底，就是加强改善民生工作，完善社会保障制度建设，保障低收入群众基本生活，稳定和扩大就业，搞好安全生产和救灾防灾，加强和创新社会管理，维护社会大局稳定。这一表述的要点是什么呢？就是全面推进新一轮的改革，创造并获取新的改革红利。

理解新的宏观经济政策框架有个合理区间——上限是防通胀，保持GDP7.5%左右、居民消费价格指数（CPI）3.5%左右。下限是稳增长、保就业，将城镇调查失业率控制在5%左右，经济增长率就不能低于7.2%。底线是确保到2020年全面建成小康社会、实现GDP比2010年翻一番的目标，今后几年的经济增长速度就不能低于6.9%。于是，7%构成经济增长的底线。

4. 我国正处于转型阶段

我国经济正处于增长速度换档期、结构调整阵痛期、前期刺激政策消化期叠加的阶段。

速度换挡引发一系列矛盾：经济下行压力增大、产能过剩问题更形严重、企业经营困难加剧、地方债务规模扩大、金融风险有所积累、财政收入增长缓慢、国际收支平衡压力加大等。痛苦的结构调整意味着：我们过去习惯于通过扩大投资、上项目和提供优惠政策，从增量上进行产业结构调整；此次是存量调整，要通过提供负面清单，推动企业进行生产要素流动和整合，实现优胜劣汰和结构升级。所谓前期刺激政策消化期，是指前期刺激政策留下了"堰塞湖"，必须导流和消化。

现在是改革很困难的时候，各方面有各种意见很正常，但我作为经济研究者，感到很高兴的是中央对这个时期的特征看得很清楚，应对的措施也非常清晰，希望研究者也能看清楚我们面临着什么样的问题。

5. 静观其变，平心静气，小心翼翼

在面对高度复杂、一定意义上是下行压力的形势下，应当怎么对待呢？这里有习近平总书记的原话："静观其变，平心静气，小心翼翼。"现在的情况很复杂，如果还不知道是短期现象还是长期现象就采取措施，就很容易变成恶果了。美国、日本、欧洲、国内的经济形势都不明朗。有些事政府不调的话，市场也会调。其实在20余年的市场经济基础上，我国的市场和企业已初具自调节能力，地方政府也有一定能力和积极性。

作为研究第一线的人，我自己觉得中国经济面临的这些变化如果没有被大家非常敏锐地把握，以后可能会造成一些误解。我所说的不当之处，请大家批评指正。谢谢！

皮书出版要结合智库建设谋划发展[*]

邬书林

非常高兴来参加本次皮书年会，首先我要代表国家新闻出版广电总局对会议的召开表示热烈祝贺！这次会议主题非常重要，强调要用知识、信息来保证这个国家经济发展、社会进步，我认为这是社会科学工作者和出版工作者不可推卸的责任，把这项工作做好了，对中国下一步的发展至关重要。今天我围绕两个题目来讲，一是对皮书的发展现状做个评价，二是对皮书将来怎么做发表一下看法。

十四次皮书年会的连续召开，对皮书的发展和皮书质量的提高起到了非常重要的作用，皮书的优势也越发凸显出来。

一 皮书研创、出版的优势

1. 皮书产生的重要影响越来越大

经过 20 多年的努力，皮书规模由小到大，种类由少到多，

---

[*] 本文是根据时任国家新闻出版广电总局副总局长邬书林在第十四次全国皮书年会（2013）上的讲话录音整理而成。

影响越来越大，已成为一个反映学术研究成果和社会发展状况的重要知识和信息的平台。这种出版物在世界出版物当中是有重要影响的。一个发达国家，一个健全国家，特别是一个大国，如果没有这批读物支持的话谈不上大国。我们的功能定位比较重要，出版的功能是要宣传真理、凝聚人心、形成统一意志。这类出版物的数量并不多，但是影响至关重要。

2. 皮书在传播知识、传递信息方面的功能越来越突出

皮书能够使社会的所有人在了解社会状况、掌握社会知识的状况下，来从事生产、从事各类活动，包括政治活动、文化活动。美国第四任总统麦迪逊说过，一个健全的国家，如果不用知识来武装自己的人民，或者说执政者和人民都没有获取知识的渠道和信息，那么，这个国家的执政机构不是悲剧就是闹剧。所以，做好皮书是体现出版功能的很重要的方面。当然，还有弘扬真善美、鞭策假恶丑的功能。皮书出版之后，受到国内外的好评，引起了国外重要出版单位的兴趣，他们纷纷要求购买版权、合作出版，因此，进一步做好皮书的意义更加重大。

3. 皮书有了比较准确的定位

在中国社会科学院领导的高度重视下，皮书纳入了中国社会科学院创新工程学术出版项目，成为社会科学研究的重要组成部分，这个定位是做好皮书这类出版物的关键机制。光有出版单位做不好，光有研究单位也做不好，研究单位和出版单位需建立一种良性运行机制，找准自己的定位。这是世界上出高水平出版物，包括学术期刊这类连续性重要出版物的一个成功经验。皮书把知识、信息经过科学的加工，按照一定的规范向社会发布，已经成为社会科学研究的重要组成部分和知识支撑条件。

4. 皮书已经形成重要的特色

皮书这类出版物，要求是原创的、有实实在在的统计资料支撑的，又要求是前沿性的，因此皮书具有权威性、前沿性、原创性、实证性、时效性、权威性、准确性等特点。这类出版物要想产生影响，要有连续性，连续对一个统计现象进行分析，这样时间一长，就可以做数量分析或数理分析，并可按照一定的指标体系，把连续性的统计资料进行对比分析。另外，做智库，要在科学、独立性、影响力方面做更大的努力，这样才能在决策资政上形成一定特色，因此，皮书还具有连续性和资政性。

5. 皮书赢得了重要地位

皮书已经成为我们国家的重要出版物品牌，列入了国家"十二五"出版规划，列入中宣部社科外译项目资助、中国社会科学院创新工程学术出版项目，社会效益和经济效益俱佳，已经形成了一定的品牌效应。

6. 皮书已经有了一定的学术规范和运行机制

皮书在编辑出版方面已出台了《皮书主编工作条例》《皮书编辑出版工作条例》，使皮书编写更加规范。现在皮书有了重大进展，但是按照世界水准和高标准来看，皮书质量仍参差不齐，好的与世界水准接近，差的要建立淘汰机制。有些皮书作者力量有限，需要加强作者团队力量，按高标准、严要求，按照规范去做。

二 皮书出版如何进一步提高认识，准确定位，严格标准，提高质量

1. 提高认识、准确定位，要深刻认识做好皮书这类出版物的重大意义

中国梦、中华民族的伟大复兴需要文化支撑。一个国家的复兴和崛起，除了强大的经济、强大的军事和政治的稳定之外，文化支撑极为重要。如果没有一批能引领世界的思想文化成果，谈不上复兴。英国工业革命以后，除了形成了日不落帝国，还留下了许多文化成果。比如，经济上有亚当·斯密、大卫·李嘉图；文学上有莎士比亚、狄更斯；哲学上有约翰·洛克。中国虽在经济体量上世界排名第二，但在经济发展质量上与发达国家相比还有很大的距离，整个国家在相当多方面的排名都仍然相对滞后。与历史上文景之治、贞观之治、康乾盛世不同，当下在世界综合国力竞争中谈文化复兴，要放到经济全球化、综合国力竞争的条件下去看，一个国家没有文化支撑，不占领思想制高点、道德制高点，特别是没有一批引领世界经济运行的重要出版物的话，不仅政治上要处于劣势，经济上也要吃亏。

2. 制定标准，严格程序，不断提高皮书的质量与水平

皮书的质量在不断提升，但质量参差不齐的问题比较严重。现在已出版皮书1300本左右，每年有200多本的皮书出版，在这个基础之上，如何按照这类出版物的要求来严格评价指标体系，保证创新内容和高质量的信息占主导地位，这就要设立门槛。现在正是大好时机，怎么把标准定好，我建议你们借鉴和学

习国外像里德·爱思唯尔集团这些公司的技术标准。这类事情要形成严格的规范和机制，并且变成广大读者认同的规定。

3. 培训编辑队伍

光有作者队伍不行，出版社要有一支专业水准很高的编辑队伍，这个编辑队伍要达到能跟专家学者对话的水准，要能引领思想，并发现不足之处。这方面中国出版社有传统，像人民出版社的老编辑懂三四国语言的很多，他们连遇到钱学森这样的学者都能提出1000多种建议来。希望出版社能够培养起一支有专业水准、有更高追求的作者队伍和编辑队伍。

4. 要认真研究、谋划大数据时代的皮书作为

不可否认的现实是：信息技术正在快速地改变着整个社会，皮书从出版理念、运行机制、技术手段、组织方法都已经发生了革命性的变化。如果中国社会科学院所属的出版机构不研究这个问题，还在原有的出版模式下做，时间一长，被拉开的距离就越来越远了。大数据时代，出版理念变了。过去是出一本刊、出一类丛书，然后把这方面的学术成果整理好、发布好。在大数据时代，世界最好的出版公司理念是要成为专业信息解决方案的提供者，而且这个解决方案是把思想创新作为核心内容，然后与有效的数据结合起来，通过一定的分析方法和技术手段，建立一个面向世界传播的信息平台，并通过互联网点对点地送到所有用户手上去。

今年皮书年会的主题是研究皮书和智库的关系，怎么建立在对人类已有信息知识掌握的基础之上，通过云计算准确地抓取信息，把知识和信息作为我们推动社会进步的杠杆，这是我们皮书定位要解决的重要问题。对中国古代四大发明的评价，到目前为止，还没有任何一个超过马克思的评价。马克思说，指南针开辟了世界市场，印刷术成为思想创新的必要前提和推动社会进步的最强大的杠杆，是精神前提。同理，我们要从这几个角度来看我们的皮书，要为整个经济发展提供准确的知识和信息，使我们做各项工作能在掌握前人已有的智慧上去做。而且我感觉到，智库和皮书是可以打通做的，皮书按照智库的工作要求，把自己的评价指标体系做得更加完善，使智库及时准确地得到知识和信息；还要按照智库的要求把没有做的皮书做起来，做得不好的皮书完善起来。反过来，智库研究的成果也要进入到包括皮书在内的各类出版物当中去，成为人类阶梯式发展的重要支撑。这次会议把智库和皮书打通来研究，找到两者的结合点，在这个基础上研究未来的发展。皮书的前途一片光明，同时为智库的更好研究提供了可靠的知识和资料。

都在讲用知识来武装自己，知识要把事实讲清楚，它的三个定义：第一个是事实，包括科学事实和人类已有的事实；第二个是信息，有一些没有形成到科学规律、科学定义的过程，但是怎么把大量的信息提供出来为人类去用，这个也是知识范畴；第三个是把技能和经验用进来。所以智库要把这三方面很好地结合起来以提供建议。

最后，预祝这次年会有更好的成果，也希望下一步皮书的研创、出版工作越做越好、越做越大，我们会一如既往地高度关注、认真支持，多做实事，和学术界、出版界一起做好这方面的工作。谢谢各位！

皮书研创与智库建设

谢曙光[*]

摘　要：智库既是国家软实力的重要体现，也是实现国际话语权的重要平台。随着我国经济社会的不断发展，智库发挥的作用也越来越大。由社会科学文献出版社出版的皮书系列图书，作为一种典型的智库产品，在中国社会科学院和全国社会科学界的共同努力下，经过20多年的打造，不仅成为一种著名的图书品牌，而且成为知名的社会科学应用对策研究成果品牌，皮书的研创有效地推动了研究机构或研发团队的智库建设。

关键词：皮书　智库　智库建设

习近平总书记在2012年中央经济工作会议上指出，要健全决策咨询机制，按照服务决策、适度超前原则，建设高质量智库。2013年4月，习总书记就加强智库建设又作重要批示：智

---

[*] 谢曙光，二级研究员，中国社会学会秘书长，社会科学文献出版社社长。

库是国家软实力的重要组成部分，随着形势的发展，智库的作用会越来越大。目前，我国的智库发展还相对滞后，要高度重视、积极探索中国特色新型智库的组织形式和管理方式，采取有效措施，引导各类智库加强自身建设，积极建言献策，为中央科学决策提供高质量的智力支持。

作为应用对策性研究成果（智库产品），社会科学文献出版社策划出版的皮书系列已成为社会科学工作者为现实服务的有效方式之一；成为社会科学工作者的话语工具和引导社会舆论的平台；成为国际国内社会各界快速、便捷地了解所关注对象的最佳窗口。因此，对皮书各研创单位和团队来说，加强皮书研创，无疑是落实习总书记关于加强智库建设的指示精神的关键举措。

一 皮书特性与智库功能高度契合

皮书是对当前中国与世界热点问题进行年度监测并对中国经济社会发展起到积极推动作用的中国社会科学研究的一种重要成果表达形式，是社会科学工作者服务于中国特色社会主义现代化建设的重要载体，是有关中国发展、中国经验、中国道路的重要智库成果。随着皮书出版年份的增加，研究领域的拓展，内容积累越来越厚重，特别是近年来以皮书数据库建设为主的皮书数字化和以荷兰 BRILL 出版社合作出版的英文版皮书为主的皮书国际化的深入发展，皮书这一智库性产品将形成更大的集聚和放大作用，其价值更加不可估量。

追溯皮书的起源，其实不难发现，皮书自诞生之日起，就以高端智库产品定位，皮书的本质特性与智库功能的发挥紧密相连。我们可以从最早的两本皮书的诞生说起。1990年，中国经济增长率降至5%，中国社会科学院刘国光、李京文等几位中国著名的经济学家便给中央领导写信，建议采用经济模型对中国经济形势进行分析与预测。当年秋天，刘国光、李京文等人将运用经济模型对中国经济形势进行分析与预测所形成的研究成果用蓝色封面装订成册，在内部传阅。为了方便，大家将其称为"蓝皮书"。翌年，根据时任中央领导的指示，中国社会科学院专门在数量经济与技术经济研究所成立了"中国经济形势分析与预测"课题组。课题组享受总理预备金专项研究经费的规格与待遇。1991年底，"中国经济形势分析与预测"课题组的研究报告首度正式出版，书名是《1992年：中国经济形势分析与预测》，业界称之为《经济蓝皮书》。《经济蓝皮书》出版以后，中国社会科学院社会学研究所时任所长陆学艺敏锐地意识到，可以对年度中国社会形势进行分析和预测，自1993年起便着手编著《社会蓝皮书》。

诞生20多年来，皮书作为应用型智库成果，受到了中央领导的高度重视，为各级政府部门的决策提供了重要的决策参考。《经济蓝皮书》《社会蓝皮书》《文化蓝皮书》等多种皮书的研究结论和政策建议受到中央领导的批示；每年"两会"期间，社会科学文献出版社皮书都会有数十个品种入选由北京市新华书店组办的面向全国"两会"代表的推荐书目，受到了全国"两会"代表的极大欢迎；皮书系列中的《城市竞争力蓝皮书》《中国省域竞争力蓝皮书》《法治蓝皮书》等一系列知名皮书，受到地方政府相关部门的极大关注。

同时，作为智库产品，皮书对于引导舆论起到了积极的作用。皮书专业性的研究成果受到了媒体的极大关注，通过积极引导社会舆论，皮书的出版大大促进了智库成果的推广与传播。新华社、中新社、中央电视台、中国网、人民日报、光明日报等国内主流媒体多年来跟踪报道社会科学文献出版社重点皮书，与出版社建立了良好的合作关系。

1. 皮书的原创性、实证性突出了智库"思想工厂"的功能

皮书不同于年鉴和志书类产品，不是把从各方面收集来的现成资料和数据进行简单罗列，而是在利用已有资料的基础上，运用科学、实证的方法梳理和筛选它们。更重要的是，皮书必须要以课题组通过调查研究得到的第一手资料作为分析的基础，这样才能最终提供给读者一种具有原创性的真实信息。对于智库来说，通过皮书来发布原创性的研究成果，是对其"思想"性功能的最大体现。

智库在现代社会中最大的价值是什么？答案可以从当前智库得到广泛共识的定义中寻求。智库（Think Tank），又称"思想库"、"脑库"、"外脑"、智囊团，世界上著名智库兰德公司的创始人弗兰克·科尔博莫曾经用"思想工厂"定义智库。1964 年，美国前总统哈里·杜鲁门用"思想库"的提法取代"智囊"，对智库作了更接近于今天理解的表述。中国早期研究智库也始于对"智库"定义的厘清。如薛澜、朱旭峰（2006）[1] 对中国智库含义进行了探讨，给出中国思想库的定义，从理论层面对一些问题

---

[1] 薛澜、朱旭峰：《"中国思想库"：涵义、分类与研究展望》，《科学学研究》2006 年第 3 期。

进行了分析。从对"智库"定义的界定可以看出,"原创性思想"成果正是智库的最大价值。智库通过研创皮书发布机构原创的数据、观点、报告、思想,乃至自主研发原创数据库,能够最大限度彰显智库的功能。

作为智库产品,皮书的第二个突出的特性是实证性,即在研究中更加强调指标体系的设计、理论模型的运用,通过大量数据的分析,得到相对更加科学、严谨的结论。皮书的这一特性符合高端智库对成果的要求。智库都是由多方面专家、研究人员组成的跨学科的公共研究机构,高端智库成果更要以事实为依据,以数据为基础,搭建原创的数据库,以为决策提供具有参考价值的报告。

2. 皮书的前沿性、时效性突出了智库的经世致用的功能

皮书的前沿性、时效性主要体现在两个方面:一是在理论探讨上必须反映学术前沿问题,而且要通过现有数据分析推断它的趋势,预测不一定完全准确,但一定要基于数据和事实的分析;二是在解释现实问题时,必须涉及当下现实生活中的重点和热点问题,核心内容紧扣政府、媒体和公众关注的问题。

做出前瞻性预测无疑正是智库研究重要功能。20世纪50年代,朝鲜战争爆发前夕,针对"中国是否会出兵朝鲜"的议题,兰德公司得出结论:中国将出兵朝鲜。兰德想将此报告以200万美元——一架战斗机的价格卖给美国对华政策研究室,被婉拒。其后,果然中国出兵朝鲜,美国在朝鲜战场遭遇大败,美军司令麦克阿瑟后来感慨说道,"我们最大的失策是舍得几百亿美元和数十万美国军人的生命,却吝啬一架战斗机的代价。"对于现代企业管理来说,现代西方管理理论认为,一个资产超过 1000 万美元的企业,如果没有智囊团的话,其生命周期不会超过 5 年,只要有一个重大的决策失误,就会葬送这个企业。

3. 皮书的权威性、咨政性突出了智库的社会影响力

皮书的一个最重要特征是它的权威性,具体包括以下三个方面:第一,作者的权威性。皮书的作者是由著名学者和权威研究机构所组成的团队,而非单个人的作品,从而凸显出研究者的群体智慧。另外,皮书的作者中不乏政府部门的官员,但皮书并不代表官方的观点,作者们主要是从社会科学的立场出发,表达个人的研究心得,也正是这一点保证和增强了皮书的权威性。第二,数据的权威性。皮书以大量的数据资料为研究基础,能够最大限度地保证资料来源的可靠性。

皮书作为应用对策性研究成果,为各级政府部门的决策提供了重要的决策参考。《经济蓝皮书》《社会蓝皮书》《文化蓝皮书》等多种皮书的研究结论和政策建议多次受到中央领导的批示;每年"两会"期间,皮书都会有数十个品种入选由北京市新华书店办的面向全国"两会"代表的推荐书目,受到了全国"两会"代表的极大欢迎;皮书系列中的《城市竞争力蓝皮书》《中国省域竞争力蓝皮书》《法治蓝皮书》等一系列知名皮书,也受到了地方政府相关部门的极大关注。

对于各级智库来说,最大的价值在于为决策者提供政策建议和决策咨询,其目标定位是政府决策者和社会大众,通过各种研究成果和公共媒体影响公共政策的制定和社会舆论。而皮书,正是智库最重要和最有影响力的成果。

二 智库发展与智库建设

1. 世界智库发展特点

最新发布的《2013年全球智库报告》数据显示，全球智库现有6826家，较2012年6603家略有增加。其中，北美和欧洲地区的智库数量最多，占全球智库的一半以上（北美洲以1984家的数量位居全球第一，欧洲以1818家的数量次之）。以中国、印度为首的亚洲地区智库发展势头强劲，现如今智库数量已经达到1201家，约占全球总量的17.5%。从国家来看，美国智库数量最多，有1828家；中国大陆地区入围426家，位居第二；英国排名第三，有287家。该报告结果还显示，金砖国家智库数量在不断增加。中国大陆地区入围429家智库，在数量上仅次于美国。而在中东和非洲地区，智库规模较小且发展缓慢。

在影响力方面，美国是全球智库领域的绝对领导者。全球十大顶尖智库中，美国占有五个席位，尤其是布鲁金斯学会更是连年稳坐"全球第一智库"的宝座。而英国的智库实力紧随美国之后，有查塔姆社、大赦国际、国际战略研究所三家智库进入全球十大智库排行榜。值得注意的是，全球智库五十强以北美和欧洲智库为主，鲜有亚洲智库的影子，中国大陆地区则仅有中国社会科学院等三家智库入围，日本也只有两家智库进入排名。中国社会科学院排名17位，亚洲排名第一。

从运行机制上看，缺乏资金来源，专业研究人才和合法、独立的地位是阻碍发展中国家智库发展的三个关键问题。发达国家的智库研究定位明确，拥有专长的研究领域、研究目标、稳定的资金来源和服务对象，具有较强的连续性、前沿性和计划性的特点。与之相比，目前发展中国家的智库在发展中以临时、短期性研究合同为主，还没有形成比较稳定的运行模式，智库的资金来源和研究成果质量不稳定。

近年来，发达国家的智库对发展中国家智库的支持也逐渐增强，如，向发展中国家的独立政策研究机构提供非限制性的运行经费，在研究方法与技能、沟通与对外联系和组织发展三个方面提供长期帮助。世界银行也主办了一些会议和研讨会，帮助发展中国家和新兴民主国家的智库成为推进社会、政治和经济变革等方面的最有效途径。同时，随着新兴经济体在全球政治经济体系中日益增强的影响和作用，发展中国家之间的智库合作与交流也越来越紧密，如，金砖国家智库峰会，对增进共识、扩大合作，促进国际社会对金砖国家的积极认知起到了积极的作用。

2. 中国智库建设

中国现代意义上的智库发展与改革开放进程同步，至今只有30年左右的时间。尽管智库数量很多，但在满足国家决策信息需求上的不足与缺位，已是不争的事实。中国智库在国际舞台上话语权的缺失和影响力的弱小，严重影响中国软实力的构建和公共外交的推进。

政府智囊的角色早在中国历朝历代就有，从门客到幕僚，从谋士到军师，中国古代智囊无论从群体到个人都不曾缺乏。但现代意义上的"智库"概念源于西方"Think Tank（思想库）"一词，侧重于独立于政府的非营利组织。这种智库在中国出现还是在20世纪90年代，在科技"下海"的浪潮下，一批体制内的知识分子开始组建智库，如曹思源的首钢经济社会发展研究所、樊纲的中国改革发展基金会。

但在国内宽口径统计的近2000家智库中，真正的民间智库只占5%，其余95%都是吃财政饭的官方智库，官方智库在中国的影响力一直占据了绝对优势，一些早期的民间智库后来也慢慢向官方靠拢。但最近三五年来，半官方智库、企业智库和民间智库大有勃兴之势，博源基金会、中国战略研究会、共识网、凯丰研究院等甚为活跃。

在当代社会，智库对政府决策、企业发展和社会舆论的影响巨大，西方一些媒体认为，智库是继新闻、立法、政府后的"第四部门"，构成国家"软实力"的重要组成部分。而就进入改革发展攻坚时期的我国而言，复杂变化的国内外发展环境与艰巨的改革发展任务，对更好地发挥智库的作用有了更为强烈的期许。

从中国国内的官方或半官方智库定位来看，其发挥作用的方式主要有以下几种。

——撰写报告或内参。国内智库多以报告和内参的方式建言献策，比如国务院发展研究中心参与《政府工作报告》的起草和调研，国家发改委宏观经济研究院参与每个"五年计划（规划）"的起草，中央党校和中国社科院与党代会报告的起草。除了这些阶段性的纲领性文件外，官方智库通过报送内参的方式向上传递言论，中央党校有直接送达中央有关领导的《思想理论内参》，也有内部发行的《理论动态》。1978年5月10日，第60期《理论动态》曾发表《实践是检验真理的唯一标准》一文；中国社会科学院有《中国社会科学院要报》（信息专报）；国家行政学院有《咨询与研究》。

——承接科研项目。如果说真正得到高层批示的建议还是凤毛麟角的话，那么承接政府指派的课题和项目研究也是官方智库发挥影响的又一主要渠道。据报道，国家发改委宏观经济研究院每年大约要承接三四百个课题，包括一些突发事件之后布置下来的应急性研究课题。

——公开演讲。在学术会议、公开场合和媒体上发表观点，也是智库发挥影响的另一渠道。中国改革开放论坛理事长的郑必坚的"和平崛起"外交理论就被高层领导人采纳，郑本人也一直被看成是中共现任领导的核心智囊之一。

——学术报告。以个人方式影响决策也是智库学者的一个捷径，从十六大开始，中共中央政治局每隔40天左右就会邀请不同领域的著名学者去中南海讲课，学者们可以直接将研究成果和政策建议传递给决策层。

三　皮书研创与发布，是中国智库发挥作用的最佳方式之一

作为社会科学应用对策成果（即智库产品），经过近二十年的培育，皮书已然成为社会科学专业工作者为现实服务的有效方式之一；成为社会科学专业工作者的话语工具，是聚合并引导社会舆论的平台；成为国际国内社会各界快速、便捷地了解所关照对象的最佳窗口。皮书系列已成为社会科学文献出版社的著名图书品牌和中国社会科学院乃至中国哲学社会科学界的知名学术品牌。当前，每年我国年度报告类图书约1000多种，目前集中出版年度报告，并已经形成品牌效应的以社会科学文献出版社的

"皮书系列"为主。2013年度，社会科学文献出版社出版"皮书系列"图书达到255本。

可以说，皮书作为一种专题性研究报告，以定期连续发布的方式，通过媒体的话语转换和传播，影响社会精英，进而引导社会舆论，进而引起机关决策者的关注和吸纳，最终影响决策。它基本上涵盖了智库的主要功能和作用方式。因此，皮书研创就是智库建设的主要抓手和落脚点。研创一部好的皮书和创建一支好的智库，具有相同的意义！

1. 坚持自身的专业定位

进入21世纪以来，世界范围内每年新成立的智库数量大幅减少，智库发展进入内部整合阶段。由于智库之间的激烈竞争，最近几十年来新成立的智库很少有综合性智库，多数智库使用专业化策略定位提升核心竞争优势，围绕某一专业领域，提供针对性的政策建议。智库可以结合自身的专业领域，持续发布专业研究报告，在某一领域内提高议题设置能力。

目前，已经有大多数优秀皮书课题组精心设计研究课题，并把调查研究得到的第一手资料及研究成果整合成数据库，在强大的、不断更新的数据库的基础上，完成每年的皮书报告，给读者提供真实的、原创的学术信息，确保了皮书的原创性，也突出了智库建设的专业性。

2. 要有适度超前的意识

前沿性是皮书报告的研创要求，也是对智库成果的一种要求。智库研创皮书必须坚持在一手数据、资料的基础上，通过科学的模型或评价指标体系，提供适度超前的对未来趋势的预测。例如，美国著名智库的研究不但涉及美国国内经济、社会及其改革问题，而且很多的议题都是全球性的战略性问题。而我国智库很少有鲜明的、突出的全球研究视野,很多的全球性战略议题都是国外智库研究引起强烈的社会反响后,国内的智库才开始研究,从而在话语权和影响力上落后于国外,并在政策上受制于人。

经过多年的积累,大多优秀的皮书研创团队都形成了固定的研究方向,并始终保持着对相关领域热点问题的敏感度。通过作者团队的多次研讨会议,挖掘当年度的重点热点,从而保证了皮书的前沿性,也能够不断开阔智库本身的研究视野。

3. 要建立相对稳定的研创团队和研创机制

智库除了作为政府的政策研究咨询机构,在西方还有一个称呼:Government in Waiting(待命执政团队)。也就是说,智库另一个非常重要的作用就是为执政党培养和贡献人才,智库人员随着换届选举等机会加入政府,而政府成员卸任后也可进入智库。这就是西方著名的"旋转门"机制。中国智库可以通过研创皮书,搭建一个宽广的人才发挥作用的平台,用相对稳定的研创机制吸引人才,培养人才。

优秀的皮书研创团队都成立了相对稳定的编委会。把皮书编纂作为学术研究的重要平台。有利于稳定学者队伍,并对同一领域进行"筑路式"的持续性研究,确保了研究成果在本领域的权威性,同时,也培养了一大批青年学者,在持续研究中,成长为领域内的专家。

4. 要积极发挥国际影响力

从世界智库的研究课题范围和国际影响力上看,欧美等发达国家智库主导着国际社会事务的话语权,而发展中国家智库在世界舞台上处于一种集体"失语"的状态。相对而言,目前多数发展中国家的智库仅专注自身发展问题，埋头做国内公共政策研究，很少参与国际性、全球性事务，更很少有机会在国际组织或会议中表达观点，缺乏国际影响力。皮书作为重要的智库产品，近年来通过多语种出版，建立了一定的国际影响力。

皮书系列中十多种品牌以英文、俄文等多语种的形式出版，实现了中国学术"走出去"。有300多年历史的荷兰BRILL学术出版公司专门以"CASS Yearbook"为丛书名，自2007年开始每年出版多种英文版皮书，扩大了中国学者在海外的学术影响力。同时，多位皮书主编在国际大型书展实现了与西方主流学术界的对话与交流。如，中国社会科学院副院长、经济蓝皮书主编李扬在伦敦书展发表了英文学术演讲。中国社会科学院学部委员、经济蓝皮书主编汪同三，中国社会科学院人口所所长、人口绿皮书主编蔡昉均在法兰克福书展进行了学术交流。可以说，皮书研创、出版及海外发布活动，极大地推动了中国智库、中国学者的国际影响力。

参考文献

朱旭峰：《中国思想库—政策过程中的影响力研究》，清华大学出版社，2009。

上海社会科学院智库研究中心编写，李安方等编著《中国智库竞争力建设方略》，2010。

贺平：《创建社团型智库 推动中国智库发展》，《社团管理研究》2012年第7期。

夏春海、王力智：《智库研究与国家软实力提升：观照国际经验》，《重庆社会科学》2013年第5期。

谢曙光主编《皮书研究：理论与实践》，社会科学文献出版社，2011。

关于创新运营模式、做大皮书智库平台的几点思考

张静华[*]

摘　要： 皮书作为智库服务平台，多年来已对我国经济社会发展和理论学术研究产生了积极的影响。随着互联网新技术的日趋成熟，特别是数字出版等一批新兴业态的不断涌现，皮书如何应对数字出版业带来的挑战，加快内容创新和运营模式创新，真正发挥好皮书作为智库平台的重要作用，是值得皮书出版单位、作者及营销商等共同关注和深入研究的重要课题。

关键词： 皮书　智库平台　数字出版　模式创新

一　高度认识皮书作为智库平台的重要作用

从全球来看，皮书最早以白皮书的形式出现在18、19世纪

---

[*] 张静华，北京市社会科学院中国总部经济研究中心总部研究部副部长，北京方迪经济发展研究院。

的英国，一般按照颜色可分为蓝皮书、白皮书、绿皮书和黄皮书等不同种类。近年来，社会科学文献出版社推出了大型"皮书"系列图书，每年围绕我国与世界经济、社会、文化等多个领域的发展现状及未来趋势，进行深入系统的分析和预测，出版一系列具有较高学术价值和权威性的研究报告。可以说，各种皮书不仅是对我国经济社会发展现状特点及国际热点问题的研究总结，更是对经济、社会、文化等重点领域和区域发展趋势预测的学术研究成果，对于我国和各省市政府、研究机构等准确了解国内外和区域发展现状、把握未来发展态势并做出科学合理的战略决策也都具有重要的指导价值。

经过多年的持续出版和努力，如今皮书已经逐步成为哲学社会科学工作者发挥智库平台作用、服务国家建设的重要支撑载体，许多精品皮书也成为世界各地认识中国、了解中国的重要窗口式平台。但不可否认的是，随着互联网新技术的日趋成熟，多媒体技术在数字出版中的广泛应用，"皮书"等传统出版物都不可避免地面临着诸多困难。近年来，我国数字出版产业迅猛发展，2010年实现总收入1051亿元，数字阅读消费人群不断增长，同时对数字内容产品的需求也不断增强，数字出版产业发展前景广阔。但需要注意的是，数字出版产业实现的收入中，传统出版单位和机构所产生的数字产值仅为23亿元，占比不足3%。这一方面反映了我国传统出版物在新媒体时代具有很大的发展空间，但另一方面也反映出传统出版单位正在面临严峻的数字出版的挑战和竞争。

皮书作为一种全新的出版形态，与一般的出版物不同，它是从专家和学术的视角，分析和预测某一区域或某一领域的现状与发展态势，具有权威性、前沿性、原创性、时效性和实用性等特征。从某种意义上来说，皮书承担着智库平台的重要职能和作用。因此，在数字内容和移动多媒体时代，要持续做强皮书品牌，就要充分认识皮书作为智库平台的重要作用，积极拓展皮书研究领域，促进皮书数字化和国际化发展，使这一智库性产品产生更大的集聚和辐射作用，实现社会科学成果价值的最大化。

二 数字出版时代：皮书智库亟待理念和模式创新

如今，电子书、网络文学、手机阅读等新名词不断涌现，这标志着数字内容时代的到来。数字出版时代不仅改变了传统的阅读方式，同时也对传统出版物提出了新的挑战和要求。皮书作为一种新型出版形式，总体上仍然是以传统的纸质出版物为主，电子版皮书虽已出现，但更多时候限于电脑等作为载体，与手机等移动多媒体的衔接步伐较慢。面对数字时代的发展大潮，皮书出版如何适应数字时代的新要求，如何利用现代各种新兴媒体的传播渠道、传播载体和新的内容等扩大皮书的传播度和影响力，成为出版单位、专家学者和传播者、经营者需要认真研究和解决的重要问题。

具体来说，在数字出版时代，皮书作为智库平台主要面临以下几点新的要求：

一是数字出版物、移动多媒体迅猛发展。据统计，我国国民各类数字媒介阅读率已达到32.8%，网络文学用户数接近2亿，手机出版产值2010年已达到近350亿元，并成为数字出版的第一大产业门类。同时我国还先后建立了9个国家级数字出版基地，集中人才、资金和技术优势，发展数字出版。在这一背景下，皮书出版物也要紧跟时代，注重互联网、移动多媒体等新技术在出版中的应用和推广。

二是传统出版社等机构要实现从单一的内容提供商向综合资源服务商的转型。随着数字技术和网络的发展，出版业以内容为主被赋予了新的更深层次的内涵，即谁的内容资源具有更加强大的整合能力，谁能提供综合性的增值服务，谁就能占据更大的市场空间。因此，皮书出版单位和经营者，要不断创新经营模式，从皮书选题、内容制作到编辑、出版、营销等各个环节都要引入先进理念，拓展服务的业务领域和内容，努力成长为集策划、制作、营销、咨询等为一体的综合资源服务提供商。

三是在纷繁复杂的数字出版时代，皮书尽管是具有权威性、学术性、指导性的智库服务平台，也要不断创新，突出特色，力争打造皮书独有的品牌知名度，拥有更多的读者群，为国家和区域经济社会发展提供更加有效的智力支撑。

三 做大做强皮书智库平台的对策与建议

（一）健全皮书选题、编写和项目管理机制

首先，皮书的研创、出版要在内容创新上下功夫，要严格皮书选题准入门槛，与党和政府、行业、区域发展全局紧密结合，与新学科建设和专家团队培养紧密结合，加强皮书选题论证、专家评议等环节。其次，要建立皮书质量严格把关制度，从选题立项、框架结构、内容质量、评价等多方面加强管理，制定更加科

学严格的评价标准，尽量稳定作者和编写团队，以保证皮书编写质量。

（二）实施"精品皮书"出版重点工程

目前，皮书系列的图书种类繁多，涉及领域广泛，但整体上看，精品、品牌皮书仍不多，对国家和区域经济社会发展具有较强参考价值、对学术研究具有实际指导价值的精品皮书就更少了。因此，建议皮书出版单位可研究实施"精品皮书"出版重点工程，比如每年针对国家及省市发展中的热点问题，与相关科研机构、专家学者等联合起来，出版10部重点皮书，作为精品皮书来打造，切实提升皮书的知名度和影响力。

（三）探索和实施皮书数字化出版商业模式

数字出版是未来出版的发展方向，有了成熟的商业模式，数字出版才能真正发展起来。尽管皮书作为智库平台，有其特定的受众和阅读群体，但面对数字出版业迅猛发展的强大冲击，皮书出版也要积极创新，参与市场，努力拓展数字出版、数字印刷和数字发行等新兴业务领域。具体来说，一要积极促进数字出版、印刷及现代物流技术的研发和应用，加强复合出版技术的利用，对皮书出版内容资源进行全方位、立体式、深层次的开发利用，支持电子书等新兴载体的技术开发、应用。二要建立健全皮书数字出版的资格准入和内容监管机制，不是所有的皮书都要有数字出版业务，而是要结合每部皮书的实际特点，有选择性地制定数字出版皮书指导目录。目前，我国数字出版业尚处于发展初期阶段，商业模式还不是十分成熟，皮书出版单位要抓住发展机遇，作出自己的数字出版皮书特色和亮点，避免等到商业模式成熟以后再进入而被边缘化的现象。

（四）进一步完善皮书评价和宣传推广体系

目前，社会科学文献出版社每年都组织专家学者对出版的各类皮书进行评价排名，并通过全国皮书年会等多种形式对外发布和宣传，并取得了很好的成效。今后，建议一方面要针对不同类型、不同领域的皮书特点和实际情况，探索构建差别化的评价指标体系，实行皮书分类评价与排名。另一方面，要加大皮书的宣传推广力度，拓宽皮书宣传渠道，通过积极策划和举办皮书高层论坛、新书发布会、参与国内知名学术会议等形式加强宣传，也可与书店、网店等销售单位联合开展皮书系列主题展卖会。

参考文献

王伟光：《发挥皮书平台优势 提高研创队伍素质——在第十三次全国皮书年会（2012）上的讲话》，2012年9月21日。

谢曙光主编《皮书研究：理论与实践》，社会科学文献出版社，2011。

袁立凡、宋淑云、王薇：《论数字出版与传统出版》，《中国传媒科技》2012年第20期。

吕志军：《数字出版对传统出版业务流程的影响》，《大学出版》2007年第2期。

关于皮书研创与智库
建设的一点思考[*]

——以《国际城市蓝皮书》为例

屠启宇[**]

摘　要：《国际城市蓝皮书》以"国际经验、中国借鉴"为宗旨，为中国城市发展提供国际参照系，聚焦了国际城市发展的重大战略、重大理念、重大项目、重大报告和最佳案例。本文指出，《国际城市蓝皮书》的研创，必须抓好选题，设好流程，做好宣传；依托《国际城市蓝皮书》，做好舆论引导和决策参考，通过提升决策咨询工作质量，使得智库的作用获得广泛认可，从而达到推动智库建设的目的。

关键词：国际城市　智库　建设

---

[*] 本文是根据上海社会科学院城市与人口发展研究所副所长屠启宇在第十四次全国皮书年会（2013）上的讲话录音整理而成。

[**] 屠启宇，男，博士，上海社会科学院城市与人口发展研究所副所长、研究员，《国际城市蓝皮书：国际城市发展报告（2014）》主编之一。研究方向：城市战略规划、城市创新体系、社会系统工程。

当今，一种新的城市形态正逐渐形成：地域上相对集中的城市中心控制广大的腹地资源，同时城市内部的金融及服务业对城市的社会经济秩序产生决定性的影响作用，这一新的城市形态，即为国际城市。[1]作为一个国际城市，国内各界对于上海的发展动态表现出高度的关注和强烈的需求。上海社会科学院国际城市蓝皮书课题组为响应国内各界对于国际城市发展的需求，由课题组出资，研创出版《国际城市蓝皮书》。《国际城市蓝皮书》以"国际经验、中国借鉴"为宗旨，跟踪评介国际城市发展实践中国际城市发展的重大理念、重大项目、重大报告，提出"国际城市2.0"的概念，契合了党中央关于中国经济升级版的思路，体现了学者研究的前瞻性，对中国城市如何向国际城市发展的问题进行了深入探讨。本文将从《国际城市蓝皮书》的研创经验和皮书如何依托智库进行建设两方面，提出作者对皮书研创与智库建设的一点思考。

一 《国际城市蓝皮书》的研创

《国际城市蓝皮书》以"国际经验、中国借鉴"为宗旨，为中国城市发展提供国际参照系，聚焦国际城市发展的重大战略、重大理念、重大项目、重大报告和最佳案例。截至2013年，《国际城市蓝皮书》已经出版了两本，有许多值得分享的经验。

（一）抓好选题

《国际城市蓝皮书（2012）》提出了"国际城市2.0"的概

念。"国际城市 2.0"是响应全球化深化态势的国际城市"升级版",其目的在于引起城市理论界和实践者对于目前国际城市领域正在发生的关键性变化的关注。[2]《国际城市蓝皮书》契合了党中央新领导集体关于中国经济升级版、新型城镇化的新思路,体现了学者研究的前瞻性。课题组在皮书研创当中也注意到,一个新概念的推出,不应当完全丢弃旧概念,而应当将两者联系起来,不断深化、改进。《国际城市蓝皮书》课题组始终坚持一个选题,研究透彻。2012 年版《国际城市蓝皮书》提出"国际城市 2.0"概念;2013 年版《国际城市蓝皮书》的主题为:以创新塑造"国际城市 2.0";接下来的 2014 年版《国际城市蓝皮书》课题组深化讨论了这一主题。

(二)设好流程

流程的设计是皮书研创过程中至关重要的一个环节。皮书的研创不是短期、突击性的工作,而是长期的、全年性的工作,《国际城市蓝皮书》课题组不仅学习了由社会科学文献出版社出版的《皮书操作手册》,还编写了《国际城市蓝皮书及数据库撰写手册》,保证皮书研创工作的顺利进行。此外,为了保持同出版社及时沟通、交流,课题组每年都参加皮书年会,学习交流皮书研创工作的经验。

(三)做好宣传

《国际城市蓝皮书》是一本具有国际视野的皮书,课题组坚持在全国平台开发布会,取得了显著的效果,达到了宣传的目的。社会科学文献出版社在媒体资源、场地安排等方面给予了

《国际城市蓝皮书》课题组全方位支持，让2014年版的《国际城市蓝皮书》发布会得以在北京顺利召开。

二 依托皮书，推动智库建设

（一）引导舆论

2012年，《国际城市蓝皮书》课题组提出，皮书除了学术性的研究以外，还应该在皮书之外引导公众，注重舆论引导。2014年，《国际城市发展报告（2014）》发布会在北京召开，编委会专家评选出"2013年度国际城市十大关注"，上海设自由贸易试验区、底特律破产、多国城市陷入"霾伏"、青岛"11·12"爆炸事件等均入选十大关注。《国际城市蓝皮书》课题组通过这种创造社会关注点的方法，有效地发挥了舆论引导的作用。

（二）决策参考

《国际城市蓝皮书》不仅关注中国城市发展，同时也注重借鉴国际经验。为了解决政府决策部门在借鉴国际经验上反应不够迅速、信息不能及时更新这一问题，课题组衍生开发了全球城市动态系列电子周报、手机报。每个工作日给政府决策者定向发送手机报，效果显著，反馈率达到30%，为《国际城市蓝皮书》储备了充分的数据和资料。

（三）提升决策咨询工作质量

依托皮书进行智库建设，不仅增加了地方社会科学院的影响力,同时,由于《国际城市蓝皮书》课题组还承担了其他地方政府的课题,在这些政府之中也得到了很好的反馈。如课题组在北京、青岛等城市进行的项目均获得了较好评价,这都是由决策咨询工作质量上升后带来的益处。

(四) 智库作用获得广泛认可

《国际城市蓝皮书》的研创使上海社会科学院国际城市课题组智库建设得到不断完善和升级。2009年,上海社会科学院(上海城市发展战略方向)被上海市认定为上海市社会科学创新研究基地;2010年,皮书作者还被聘为北京市"十二五"规划编制工作专家咨询委员会委员;2012年,上海市科学技术委员会认定上海社会科学院为创新型城市发展战略研究中心。

参考文献

[1] 余丹林、魏也华:《国际城市、国际城市区域以及国际化城市研究》,《国外城市规划》2003年第18(1)期。
[2] 屠启宇:《国际城市发展报告(2014)》,社会科学文献出版社,2014。

皮书研创篇

关于特殊类型区域发展蓝皮书研创的几点思考

——以《连片特困区蓝皮书》为例

丁建军　冷志明[*]

摘　要：在全面建设小康社会的时代背景下，特殊类型区域发展蓝皮书研创既是特殊类型区域发展的客观需要，也有利于区域科学的繁荣和研究成果的转化，具有重要的意义。但研究对象分散、研究数据获取难度大、研究队伍松散、研究经费缺乏严重制约了特殊类型区域发展蓝皮书研创。结合连片特困区蓝皮书研创实践，本文指出特殊类型区域发展蓝皮书研创应先易后难，逐步推进；应创建协同创新平台，组建研究联盟；应在专项培育基金的扶持下，通过形成自给能力实现可持续发展。

关键词：特殊类型区域　蓝皮书　研创

---

[*] 丁建军，经济学博士，吉首大学商学院副教授，连片特困区蓝皮书《中国连片特困区发展报告（2013）》主编之一。研究方向：区域经济与产业经济学；冷志明，吉首大学商学院教授、博士生导师、院长，连片特困区蓝皮书《中国连片特困区发展报告（2013）》主编之一。

中国幅员辽阔、地形复杂，区域经济发展不平衡，从而在中国大地上形成了发展落后的集中连片特困地区、结构单一的资源型城市、处于衰退中的老工业基地、财政包袱沉重的粮食主产区、各种矛盾交融的边境地区、无序膨胀的大都市区、多省交界的"老少边穷"山区等特殊类型区域。[1]加快、优化这些区域经济社会发展事关全面小康社会建设、和谐社会建设和中国梦实现的大局。然而，国内学者对特殊类型区域发展研究的热情不高、研究力量不强、研究成果不系统进一步制约了这些区域的发展。皮书作为地方政府的智库，理应对特殊类型区域发展发挥更重要的咨政作用。因而，特殊类型区域发展蓝皮书的研创需大力推进，一方面将使其成为特殊类型区域发展研究热情激发、研究队伍凝聚、研究成果汇聚的平台；另一方面也为特殊类型区域发展献计献策、实现研究成果的社会价值。本文将结合中国首部连片特困区蓝皮书《中国连片特困区发展报告（2013）》的研创过程，从意义、困境和对策三个方面探讨特殊类型区域发展蓝皮书的研创。

一 特殊类型区域发展蓝皮书研创的意义

特殊类型区域通常也是在经济社会发展过程中面临特殊困难的区域，共同的困难、挑战制约了区域的持续、健康发展。针对这些特殊类型区域进行蓝皮书研创具有十分重要的意义。

（一）特殊类型区域发展的客观需要

特殊类型区域大都是我国区域经济发展的"弱势群体"，

面临着持续、健康发展的不同瓶颈。如,《中国农村扶贫开发纲要（2011～2020）》所确定的作为未来十年扶贫攻坚主战场的武陵山区、六盘山区、秦巴山区等14个集中连片特困区，它们长期以来在经济社会发展中"被遗忘、被边缘、被救济"，严重缺乏自我发展能力。[2]并且，这些区域经济社会发展的特殊困难、特殊规律以及可能的发展模式等都没有引起应有的关注。由于市场经济本身缺乏活力，政府主导经济又得不到科学的指导，区域经济社会发展陷入恶性循环。在全面建成小康社会和科学发展的时代背景下，加快特殊类型区域发展的意义日益凸显，而关注、指导特殊类型区域发展的蓝皮书研创也就显得格外必要。

（二）繁荣区域科学发展的重要举措

自然环境本底的非均匀分布以及经济活动自身的集聚和扩散力量导致了经济社会发展的区域差异。在"任务带学科"的"实践派"思潮影响下，我国区域科学（含区域经济学、经济地理等）取得了快速的发展，并逐渐形成了中国特色。[3]同时，中国辽阔的国土空间、复杂的地理地貌、不均衡的区域发展格局也为区域科学的繁荣提供了肥沃的土壤。不过，过多地关注"热点区域"，使得特殊类型区域发展规律不被重视、研究不深、总结不系统，在一定程度上形成了我国区域科学研究的短板。特殊类型区域发展蓝皮书的研创有利于激发对特殊类型区域研究的热情，并凝聚研究队伍、汇聚研究成果，进一步繁荣区域科学研究，弥补短板。

(三) 科研成果转化为生产力的现实途径

科学技术是第一生产力。然而，科研成果要转化为生产力必须通过一定的载体与合理的途径。蓝皮书作为直接面向政府决策者、区域经济社会发展一线实践者的应用型读物，是连接理论工作者、学术研究者和实践工作者的重要桥梁，也是理论和实践相互碰撞、相互转化的重要渠道。因而，让具有较强理论素养的研究者深入特殊类型区域考察经济社会发展现状、运行规律，总结克服特殊困难、加快区域发展的对策建议，并以蓝皮书的形式将研究成果系统地转化为区域经济社会发展的建言，既为特殊类型区域发展提供有益参考，也是科研成果转化为生产力的现实途径。

二 特殊类型区域发展蓝皮书研创的困境

特殊类型区域发展蓝皮书相对较少，一方面在于长期以来特殊类型区域不是经济社会发展的热点区域，没有得到足够的关注；另一方面则是因为特殊类型区域蓝皮书的研创存在一些特殊困难。

(一) 研究对象分散增加了研究难度

特殊类型区域由于面临相似的特殊困难而成为特定的区域类型，比如当前中国的14个集中连片特困区由于经济社会发展严重滞后、贫困问题突出而被归为一类，但这些区域却分散在中国广阔的国土空间上，东北至大兴安岭南麓、南至滇西边境、西至西藏和新疆。研究对象的高度分散无疑增大了研究的难度，提高了研究的成本。特殊类型区域发展蓝皮书既要关注这类区域发展中共同存在的问题、面临的困境、发展的规律，还要关注各具体区域发展中的特殊问题、特殊困难和特殊规律，提出符合当地实际、现实可行的对策建议。因而，需要对这些分散的区域进行深入考察，工作量大且烦琐。

（二）研究数据获取难度大带来的制约

特殊类型区域往往由于数据统计、调查体系不健全，或者跨域行政关系复杂，或者对特殊敏感数据不愿公开等多方面的原因，研究数据获取难度大，给蓝皮书研创带来阻碍。如连片特困区蓝皮书编撰过程中，最主要的困难就在于数据获取。首先，连片特困区多为跨省交界区，如武陵山片区跨4省市、11地州市，辖71县市区。通常各县市区按照本省的统计工作要求进行统计，但不同省市间统计指标、口径存在差异，因而难以直接比较；其次，不同省市所辖县市区在数据对外公开方面态度差异较大，少数县市区对一些基本数据也守口如瓶；再次，即便是课题组自行调研，也要与各省市、地州市、县市区的多个政府部门进行沟通，调研成本高昂。有些敏感数据，如贫困率等，可能由于各县市区之间存在某种利益冲突而使得数据不够真实。

（三）研究队伍松散且面对面交流成本高

研究对象高度分散必然要求建立松散型的研究团队。一方面，建立合格的研究团队本身不是一件容易的事情。特殊类型区域发展研究在很长一段时间里被认为是没有出息、成不了大器的研究领域。很多年轻学者不愿意加入这一研究领域，或者说即便加入，也不会全身心投入。而老一辈的学者则在研究精力、研究方法等方面渐显力不从心。因而，要在某类特殊区域的各具体区域找到合适的研究者本身难度不小。另一方面，即便组建了一支由分散在各具体特殊区域的研究者组成的研究队伍，研究成员之间的交流难度、交流成本也不可小觑。虽然网络化时代便捷的虚拟交流方式使得一般的交流已不成障碍，但对于科学研究这类包含大量隐性知识的活动而言，面对面交流仍然是必不可少的。

（四）研究经费来源缺乏保障

皮书研创是一项人力、物力、财力投入都不少的持续性科研项目。与现有大多数皮书不同，特殊类型区域发展蓝皮书由于研究对象在地域上相对分散、在行政隶属关系上涉及多个行政区域，因此，其研究成果的直接受益对象也必然是多元的。于是，在这种强外部性的情境下，各区域的理性反应是"搭便车"，都拒绝为研究成果买单。所以，特殊类型区域发展蓝皮书难以获得研究对象区域持续的研究经费支持。而对于特殊类型区域蓝皮书研创的主办单位，如大学、科研机构等要将这项经费纳入年度财务预算，也必然会尽量力行节约，使得经费不够充裕。

三 特殊类型区域发展蓝皮书研创的对策

上面的分析表明，特殊类型区域发展蓝皮书研创意义重大，但也面临着各种困难和挑战。如何处理好这一对矛盾，确实需要智慧和坚持，也值得大家共同讨论。连片特困区蓝皮书作为一类特殊类型区域发展蓝皮书，其研创过程也经历了上述矛盾、困难所带来的"阵痛"，但最终于 2013 年 3 月与读者们见面了。虽然，连片特困区蓝皮书还存在很多不足，而且面临着"三年之痒"的挑战，但其研创过程及未来设想对特殊类型区域发展蓝皮书研创对策还是有一定的借荐意义。

（一）先易后难，逐步推进

显然，这不是"锦囊妙计"，但却是特殊类型区域发展蓝皮书研创的现实选择。万事开头难，从无到有不要过于追求完美，但一定要付诸行动。《中国农村扶贫开发纲要（2011～2020）》（后文简称《纲要》）将 14 个集中连片特困区作为国家未来 10 年扶贫攻坚的主战场，这标志着连片特困区将由"冷点区域"转变为"热点区域"。《纲要》颁布的那一刻，作者所在的团队就意识到了编撰连片特困区蓝皮书将具有重要的意义。不过，和大多数曾有过这一想法的研究者们一样，我们也看到了完成这一特殊类型区域发展蓝皮书将面临的困难、挑战。幸运的是团队带头人的坚持和决心推进了连片特困区蓝皮书的研创。在与社会科学文献出版社皮书出版分社编辑的反复交流中，我们确定了首册蓝皮书的主题，并将研究对象锁定于先行先试的武陵山片区。在皮书准入论证会上，专家也考虑到特殊类型区域发展蓝皮书研创的实际困难，对我们"先易后难，逐步推进"的研究构想给予了支持和肯定，并对未来的研究思路提出了建议。由于避开了研究对象分散、研究队伍松散两大难题，在研究团队成员耗时半年的努力下，首册连片特困区蓝皮书终于得以问世。因此，坚定地迈出第一步是给予特殊类型区域发展蓝皮书研创的第一条建议。

（二）创建协同创新平台，组建研究联盟

如果说"先易后难，逐步推进"是策略，那么，"创建协同创新平台，组建研究联盟"则是特殊类型区域发展蓝皮书研创的保障。前面的分析表明，特殊类型区域发展蓝皮书研创最主要的困难是研究对象分散、研究数据获取难度大、研究队伍松散。而要同时克服这些困难，创建协同创新平台、组建研究联盟是必然的选择。首先，在处于或邻近特殊类型区域的各具体区域中，选择几所主要的高等院校、研究机构及主要的研究人员纳入协同创新平台，建立起以"高校学者为骨干、地方研究机构研究人员为一线成员、相关职能部门工作人员参与"的研究队伍，完善协同创新平台运行机制，以课题招投标方式组织蓝皮书内容编撰，使得皮书内容充分覆盖各具体区域；其次，以研究队伍为载体，充分利用当地社会科学院、党校系统以及相关政府职能部门的网络优势、数据获取能力，收集、整理和创建特殊类型区域基础数据库，为蓝皮书研创奠定扎实的数据基础；最后，以协同创新平台中的骨干研究机构、骨干研究成员为节点，组建更为广泛的、松散的研究联盟，进一步扩大特殊类型区域发展研究网络和蓝皮书研创的参与度。目前，作者所在的研究团队正在借助首册连片特困区蓝皮书的影响力构建覆盖14个集中连片特困区的研究队伍，创建连片特困区区域发展协同创新平台。

（三）成立专项培育基金，逐步形成自给能力

特殊类型区域发展蓝皮书作为一项持续性的学术研究项目，具有极强的正外部性。"搭便车"行为使得该项目难以获得特定

区域的经费支持，同时，持续的投入对于研创单位而言又是一笔不少的开支，给研创单位带来一定的资金压力。特殊类型区域发展蓝皮书研创可以采用成立专项培育基金进行培育的模式，在培育期内给予项目以资金支持，在项目成长起来以后，以项目产生系列成果的有偿使用收益维持项目的运行，实现自给、自生发展。因而，对于特殊类型区域发展蓝皮书项目团队而言，要在形成蓝皮书这一基本研究成果的基础上，积极开发副产品，以蓝皮书的品牌效应带动相关的数据服务、科研服务、咨询服务，实现研究成果的价值转换，最终形成项目的自我发展能力。对于与特殊类型区域特殊困难对接的相关国家部委而言，应该看到特殊类型区域发展蓝皮书研创的正外部性，主动建立相应的培育基金，承担起特殊类型区域发展蓝皮书研创的培育责任。

参考文献

［1］王圣云、马仁锋、沈玉芳：《中国区域发展范式转向与主体功能区理论响应》，《地域研究与开发》2012年第31（6）期。

［2］游俊、冷志明、丁建军：《中国连片特困区发展报告（2013）》，社会科学文献出版社。

［3］刘卫东、金凤君、张文忠等：《中国经济地理学研究进展与展望》，《地理科学进展》2011年第30（12）期。

打造中国投资市场的权威发布

——《投资蓝皮书》研究编写体会

张志前[*]

中国社会科学院社会科学文献出版社从最早出版《经济蓝皮书》开始，已连续出版皮书系列二十几年，每年出版200多个品种，在社会上产生了深远影响。但是，皮书系列中一直没有关于投资的皮书。2011年秋，社会科学文献出版社的同志找到我，希望中国建银投资有限责任公司（以下简称"中国建投"）研究编写《投资蓝皮书》，以填补这项空缺。我觉得这个想法非常好，就向公司领导报告了这件事情。公司领导对此事非常重视，经过论证最终决定申报研究编写《投资蓝皮书》。

经过审核批准，从2012年开始，中国建投开始承担《投资蓝皮书》的研究编写工作。目前，《投资蓝皮书》已出版两年，得到了专家、媒体和投资界的广泛好评，取得了良好的社会效果。通过参与研究编写《投资蓝皮书》，我体会到，中国建投作

---

[*] 张志前，经济学博士，高级经济师，现供职于中国建银投资有限责任公司。

为国家主权财富基金——中国投资有限责任公司旗下的投资机构,有义务和责任把自己的研究成果奉献给社会。同时,这项工作也有利于树立中国建投在投资研究领域的品牌和形象。

一 找准《投资蓝皮书》的定位

社会科学文献出版社皮书系列是对中国与世界发展状况和热点问题进行年度监测,以专家和学术的视角,针对某一区域或领域的现状与发展态势展开分析和预测,具备权威性、前沿性、原创性、实证性、前瞻性、时效性等特点的连续性公开出版物。投资的概念非常大,有宏观的固定资产投资,中观的证券市场等投资,以及微观的企业个人投资。我们发现,这些领域都有专门的研究报告,但是把几者放在一起的研究报告和成果却很少见。为此,我们把《投资蓝皮书》定位于全面系统分析中国投资发展的权威发布。

我国目前从事投资研究的机构主要包括高校、政府部门和金融机构的研究部门。高校的研究机构主要是从事学术研究,政府部门的研究机构主要为政府制定政策服务,而金融机构的研究部门主要是业务、产品和市场研究。中国建投作为一家国有投资公司,集团拥有直接股权投资、证券、基金、信托、租赁等多种投资平台,从事着各种类型的投资和资产管理活动,在投资领域有丰富的实践。这是其他投资研究机构所不具备的优势。因此,我们决定把《投资蓝皮书》重点放在我们熟悉的各类投资市场,通过分析国内外宏观经济环境、政策和相关产业、行业的发展,全方位分析中国投资事业和投资市场的发展。

2012年，由中国建投研究编写的首部《投资蓝皮书》出版。全书分为总报告、宏观环境篇、市场形势篇、行业发展篇和投资实践篇五部分，全面回顾和总结了2011年我国投资发展的状况，并对2012年中国投资发展趋势及各投资市场走势进行了预测和展望。在投资市场方面，涉及了股权投资市场、股票市场、债券市场等5个投资市场。2013年的《投资蓝皮书》又增加了信托投资市场、银行理财市场和租赁市场，形成了包括股权投资市场、股票市场、债券市场、信托市场、银行理财市场、租赁市场和房地产市场等投资市场的全方位分析和研究报告。这样的分析和报告在国内还是很少见的。

二 发挥集团整体研究优势

研究编写《投资蓝皮书》是一个复杂的系统工程，涉及宏观经济、投资市场、产业行业、法律事务等多方面的专业和业务，单凭一两个人的力量是无法完成的，必须要发挥各方面专家团队的力量。与此同时，皮书系列作为年度报告，时效性非常强。为获得良好社会和宣传效果，一般都在上半年出版发布。很多皮书要在3～6个月内完成研究编写，这也决定了编写皮书必须团队作战。实际上，一些机构设有专门的皮书研究编写小组，上一年度皮书出版之后，就很快开始筹划下一年度的研究编写工作，以保持皮书的连续性和时效性。

《投资蓝皮书》是中国建投集团智慧的结晶。中国建投集团及所属企业都非常重视经济、金融和政策研究工作，注重解决金融、投资体制改革中的新问题，善于对工作中积累的经验进行总结，推动公司业务创新，促进国家产业结构调整和经济持续健康发展。公司本部每年都会根据形势和任务的变化，安排专门的课题计划进行深入研究，多年来已经取得了一批研究成果。公司所属企业中很多都设有专门的研究开发机构，在为本企业和市场提供服务的同时，还承担了国家863课题、自然科学基金项目以及有关协会、学会的研究项目。因此，中国建投集团完全有能力做好《投资蓝皮书》的研究编写工作。

2012年首部《投资蓝皮书》主要由公司本部人员研究编写，2013年《投资蓝皮书》的研究编写团队扩大到了集团成员企业，宏源证券、国泰基金、中投信托、中投租赁等机构都派人参加了蓝皮书的研究编写工作。根据企业的业务情况和研究专长，分别承担相关市场和行业报告的研究编写任务。2013年集团成员企业承担的任务接近全书的一半。与此同时，我们还积极与国家发改委宏观经济研究院、中国建设银行总行等机构合作，由他们完成了相关报告的研究撰写，增强了《投资蓝皮书》的权威性。凭借着编写人员在各投资领域的专业知识和实践经验，报告进行了深入分析，给相关人士提供更有价值的决策参考。

三 探索和创新研究方法

创新是皮书生命力的源泉。作为权威发布，《投资蓝皮书》必须要有自己的特色，体现出研究发布机构的专业水准。目前投资领域出现大量的从未有过的新情况、新问题，传统的研究方法已不能适应新问题的需要，迫切需要引进新的研究方法。我们查阅了大量关于投资领域的研究报告后发现，各个投资市场几乎都有自己的研究评级，但是这些评级缺乏统一的标准，所以无法比较和分析。针对这一现状和问题，我们创造性地推出了国内首个覆盖不同投资市场的评级体系——中国建投投资市场评级。

在2013年的《投资蓝皮书》中，我们打破了各投资市场之间的界限，将股票市场、债券市场、商品期货市场、房地产市场、VC/PE市场、信托市场、银行理财市场等投资市场按照统一的评价方法进行评级。通过风险处理、时间平滑等方式增强其可比性，就收益性与活跃度进行横向对比。在此基础上，对下一年度的各投资市场走势做出预测。虽然这个体系和方法还不尽完善，但是我们已经迈出了这一步。我们希望这个评价体系能对投资者，尤其是机构投资者的投资决策有所帮助。

我们坚持把原创和创新作为《投资蓝皮书》的研究编写原则。经过社会科学文献出版社检验，2013年《投资蓝皮书》原创率达到了95%，在200多种皮书中处于领先水平。在研究编写中，我们始终努力掌握第一手的数据和材料，坚持不炒别人的剩饭，更不抄袭别人的报告。首部《投资蓝皮书》得到了投资市场和投资实践的检验。很多朋友们向我们反馈说，《投资蓝皮书》对各投资市场的预测和判断非常精准。经济预测是一件非常困难的事情，对投资市场的预测更是见仁见智。我们无法保证预测的准确性，但是，我们必须要让我们的研究方法思路清晰，符合逻辑，研究分析所用的数据准确、完整。

四　不断扩大蓝皮书影响力

社科研究成果如何服务社会，皮书是一个重要的载体。作为国有投资公司，研究编写《投资蓝皮书》不仅是我们应该承担的社会责任，也是宣传展示中国建投研究品牌的重要窗口。2012年8月9日，首部《投资蓝皮书》发布会暨中国投资形势研讨会在社会科学院报告厅举行受到各方广泛关注，有近30家媒体到现场进行了相关的报道和采访，其中不乏新华社、光明日报、中国日报、大公报、南方都市报等知名媒体，新浪、搜狐、凤凰等知名网站也做了大量报道。2013年的《投资蓝皮书》也同样受到媒体关注，数十家的媒体从不同角度作了大量的宣传和报道，近百家网络媒体转载。

品牌建设的一个重要方法就是"借势"。实际上，在激烈的市场竞争中，当一个机构自身的实力和影响力还不够的时候，借助别人的优势和品牌，为自身发展创造出更加良好的环境。经过多年的发展，社会科学文献出版社的皮书系列已经成为一个著名的品牌，成为社科类科研成果走出象牙塔、服务社会的重要途径。《投资蓝皮书》之所以能够有影响，主要原因是就是我们充分利用了社会科学文献出版社打造的平台，采取了专家立场、学术视角，坚持客观、科学、公正的学术研究态度分析投资市场和相关问题。《投资蓝皮书》的研究编写工作锻炼了我们的研究团队，也提升了我们的研究水平和能力。

品牌建设需要长期的积累，不可能一劳永逸。今天你有影响力，并不等于明天还有影响力。只有不断地努力和创新，才能保持《投资蓝皮书》的生机和活力，为中国建投塑造更加良好的研究品牌和形象。总结两本《投资蓝皮书》研究编写工作，我认为，要进一步扩大《投资蓝皮书》的影响力，首先，必须要提高报告的专业水平，更加关注投资的热点问题；其次，要创新研究方法，提高报告的质量和权威性；最后，要加强与出版社、媒体的沟通，加大宣传和推广的力度。总而言之，皮书研创工作需要组建专业和相对稳定的研究编写团队；选择社会关注的热点问题深入研究；改进和创新研究方法，提高研究报告水平。

科学中立　建言献策　十年丹心为民生

——浅谈《房地产蓝皮书》的资政功效和预测成效

陈　颖[*]

摘　要：《房地产蓝皮书》自2004年出版以来，陪伴着中国房地产发展走过10年，其年度走势预测备受各界关注，甚至成为部分机构与个人置业投资的风向标；其政策建议则更显专家学者科学中立的学术态度、直言不讳的谏言风范。蓝皮书认为，今后较长时间内，房地产业会较快发展，成为国民经济的举足轻重的产业和社会消费热点。其中，10个年度的政策建议基本得到了采纳并实施，10个年度的房地产投资预测全部正确，10个年度的房价年度预测基本准确。

关键词：房地产蓝皮书　资政　预测　民生

蓝皮书作为资讯类图书，其重要的资政价值在于形势判断与

---

[*] 陈颖，社会科学文献出版社皮书出版分社编辑、副编审。

政策建议，其直接的现实价值是对未来发展的走势预测。《房地产蓝皮书》自2004年首期出版以来，陪伴着我国房地产发展走过10年，其专家建议对房地产发展产生了重要的政策影响，其走势预测备受各界关注，甚至成为部分机构与个人置业投资的风向标。

本文以蓝皮书中最重要的宏观层面的政策建议为主要分析对象，总结蓝皮书对中国房地产业发展的整体设想与规划、年度分析与建议；同时从中观层面和微观层面对蓝皮书所涉及的房地产投资和房价进行总结分析，以期全面展示中国房地产业10年间的发展轨迹，具有重要的指导意义。

一 10年间中国房地产政策回顾

2003~2013年，是中国房地产市场迅速发展的10年。10年间，房地产投资持续扩大，房价迅速上涨，住房结构出现优化，其间我国政府和相关机构通过不断出台政策，努力进行宏观和局部调控。

密切追踪年度动向，分析发展变化，《房地产蓝皮书》在政策层面建言献策，其总体政策建议得到了政府采纳，年度政策预测基本准确。如在宏观层面，蓝皮书认为今后较长时间内，房地产业会较快发展，成为国民经济的举足轻重的产业和社会消费热点，建议政府应减少行政直接干预，以市场为基础，促进房地产市场的繁荣发展。在中观层面，蓝皮书强调调整供应结构，引导住房需求，完善住房保障体系，防范投机性购房，加强二手房市场建设等。在微观层面，蓝皮书也针对开征房地资产持有税、住房公积金改革等方面，提出了具体建议。

应该说，蓝皮书对于我国房地产发展逐步走向规范和良性发展发挥了重要的借鉴作用。从第一本起,《房地产蓝皮书》就强调提高居民住房消费积极性,保护合理住房消费,抑制投机性购房,倡导合理的住房消费理念;在一些变化较大的年度,如2008～2009年因受金融危机影响,我国房地产市场大起大落之时,蓝皮书适时提出了"注意政策的衔接性和协调性",理性地、全面地分析我国房地产发展态势,引导房地产业平稳健康发展。在2011年"新国八条"限购限贷等政策使商品房量价齐跌,蓝皮书冷静指出其行政干预方式对房地产业发展和居民自住性需求的负面影响。而蓝皮书始终推荐的房地资产持有税,仍在大力推进中。蓝皮书指出,其能否真正出台并实施,将是房地产政策取向的最重要的衡量指标。《房地产蓝皮书》预期2014年住房持有税将在重点城市开征。①

总体而言,蓝皮书进行的年度政策建议均在下年度或后续年度、全国或部分省份得到了采纳,其政策预测也在10个有效预测年度达到了高度相符,而2013年度的政策预测(预测当前的整体政策使房价调控难度增大,"20%个税政策可能成为房价上涨推手")在当年年中即得以体现。

经过10年的调研与探索,《房地产蓝皮书》对于房地产政策的建议和规划也逐渐走向成熟和理性,从前期强调宏观调控、创造良好的市场环境,到后期主张从供给角度确保基本保障住房,蓝皮书课题组也在深入探讨我国房地产市场健康发展的最佳路径,以期为我国房地产业的持续稳步发展提供理论指导和实践借鉴。

---

① 参见潘家华、李景国《中国房地产发展报告 No.7》,总报告,第25～26页;潘家华、李景国《中国房地产发展报告 No.8》,总报告,第32页;魏后凯、李景国《中国房地产发展报告 No.11》,总报告,第35页。

表1 2003~2013年中国房地产政策与蓝皮书建议、预测一览

年份	年度整体情况	年度重要政策	政策建议	下年度预测	准确率
2003	发展较好的一年	1.《国务院办公厅关于清理整顿各类开发区加强建设用地管理的通知》2.《国务院关于促进房地产市场持续健康发展的通知》("18号"文件)3.《国务院关于加大工作力度进一步治理整顿土地市场秩序的紧急通知》	增强宏观调控的综合效应;大力调整供应结构;加快预警预报系统建设,加强房地产市场监管;进一步调动居民住房消费积极性,加快调研防范投机性购房的相关措施;努力创造良好的市场环境	以经济手段为主,对房地产市场进行适时、适度调整	部分政策建议被采纳,预测准确
2004	不平静的一年,看"严"土地,看"紧"信贷"的宏观调控频率高,力度大	1.《国务院办公厅关于深入开展土地市场治理整顿严格土地管理的紧急通知》2.《国务院关于深化改革严格土地管理的决定》	正确判断形势;盘活存量土地,促进房地产市场的稳定繁荣;完善住房保障体系;保护合理住房消费,整顿市场秩序,规范投机购房;拓宽融资渠道,优化资金结构;加强对基础性、制度性问题的研究	适时调整宏观调控的目标和手段	部分政策被采纳,预测准确
2005	部分地区房价上涨态势过猛,国家和有关部委连续出台一系列政策措施	1.《国务院办公厅关于切实稳定住房价格的通知》("国八条")2.《国务院办公厅关于转发建设部等七部门〈关于做好稳定住房价格工作意见〉的通知》	改善宏观调控;完善住房保障体系;加快二手房交易和房屋租赁市场建设;强化土地开发、交易管理;拓宽资金渠道,优化资金结构;建立信息披露制度,加强媒体监督和引导;整顿市场秩序,规范企业行为;降低建筑能耗,提高住宅工业化水平	以"稳定住房价格、满足合理住房消费"为目标宏观调控	部分政策被采纳,预测准确

续表

年份	年度整体情况	年度重要政策	政策建议	下年度预测	准确率
2006	针对部分城市房价上涨过快，国家调控政策频频出台	1.《国务院办公厅转发建设部等九部委〈关于调整住房供应结构稳定住房价格意见〉的通知》("国六条") 2.《国务院办公厅关于建立国家土地督察制度有关问题的通知》 3.《国务院关于加强土地调控有关问题的通知》 4.《国务院办公厅关于规范国有土地使用权出让收支管理的通知》	坚持市场化导向，规范政府权力边界；增加住宅有效供给；引导住房需求；加快二手房交易和房屋租赁市场建设；完善住房保障体系；整顿市场秩序，规范企业行为	加大落实调控政策力度	部分政策建议被采纳，预测准确
2007	各环节调控措施密集出台，宏观调控未达预期，保障房建设进度最快，仍力度不足	1.《国务院关于解决城市低收入家庭住房困难的若干意见》 2. 建设部等九部委联合发布《廉租住房保障办法》 3.《国务院办公厅关于严格执行有关农村集体建设用地法律和政策的通知》	破除垄断，增加有效供给；遏制投机性需求，防范市场风险；构建多层次的住房保障体系（改革住房公积金制度，完善对目标人群的识别管理机制，发展家庭租房保障，解决低收入家庭居住困难；注重政策的衔接性和协调性	房地产调控力度需进一步加强	部分政策建议被采纳，预测部分准确

079

续表

年份	年度整体情况	年度重要政策	政策建议	下年度预测	准确率
2008	房地产市场"调整年"——上半年,"防过热、防通胀";下半年,"扩内需、保增长"	1.《国务院关于促进节约集约用地的通知》2. 央行、银监会联合发布《关于加强商业性房地产信贷管理的通知》及《补充通知》3.《国务院办公厅关于促进房地产市场健康发展的若干意见》	调整土地批租节奏,加大信贷扶持力度,促进房地产开发投资稳步增长;规范开发进程,促进房地产开发企业优胜劣汰;加大自住性购房支持力度,激活购房需求;增加廉租房供给,促进居住市化;开征房地资产持有税,减少流转环节税费,促进房地产持续健康发展	"暖市"成为调控政策主基调	部分政策采纳,预测准确
2009	房地产市场"V"形反转,国务院连续出台一系列鼓励居民住房消费的政策,力度之大实属罕见	1.《国务院发布关于调整固定资产投资项目资本金比例的通知》2.《国务院发布关于调整固定资产投资项目资本金比例的通知》3. 财政部等五部委公布《关于进一步加强土地出让收支管理的通知》	稳定房地产市场,引导社会资金进入生产性领域,加大加速工业化地区和大都市区居住用地和住房供给,促进城市建设用地结构合理化;改革房地产税费管理机制,重点由交易环节转向持有环节;完善住房支持制度,创新住房支持手段;加强国家房地产统计与预警制度建设	坚持"维稳"调控政策取向,加大和完善市场制度建设	部分政策采纳,预测准确
2010	房地产调控最严厉的一年,房价增速明显回落	1.《国务院办公厅关于促进房地产市场平稳健康发展的通知》2.《国务院关于坚决遏制部分城市房价过快上涨的通知》("新国十条")	制定基本住房建设长效机制,建立保障性住房管理法;建立保障性住房市场发展中长期战略规划;全面加强房地产市场供求双方与中介监管;改进土地招拍挂制度;改革土地财政,完善房地产税费	房地产调控面临改革战,政策实施执行坚决,可能出现反复	房产税政策试点,调控执行中部分城市违规

续表

年份	年度整体情况	年度重要政策	政策建议	下年度预测	准确率
2011	房地产市场的"严冬","限购"、"限价"、"限贷"全面升级,各城商品房成交量齐降	1.《国务院办公厅关于进一步做好房地产市场调控工作有关问题的通知》("新国八条") 2. 46个城市出台限购政策 3. 房产税部分城市试点	探讨首套普通住房优惠政策和超大城市"限购"制度化;完善保障性住房投融资和管理机制;进一步精准化、营造健康的市场发展环境,稳步推进房产税改革;培育房地产咨询服务市场	巩固调控成果,调控措施进一步差异化、精准化;房产税有望出台或调整	部分政策建议被采纳,预测准确
2012	继续严格调控的基调,实施差别化信贷政策;加强保障性住房建设和管理,以及分配的透明度	1.《北京市贯彻〈国务院办公厅关于保障性安居工程建设管理的指导意见〉的实施意见》 2. 国务院:绝不让房地产调控反复	因地制宜制定土地供给计划;确保保障房分配公平;探索解决农民工住房问题的多种途径;探索土地"年租制";防止城镇化沦为"房地产化"	调控难度增大,预期2013年中期以后,持有税政策有望加快实施	部分建议被采纳,但房产税未实施
2013	房价仍保持较快上涨。国家更关注房地产健康发展长效机制和"保基本",各城市微调政策或紧或松	1. 出台"新国五条"和"新国五条细则",继续严格限购,并征收20%房屋转让所得税 2. 出台《关于加快发展养老服务业的若干意见》,提出"以房养老" 3. 下发《关于坚决遏制违法建设违规销售小产权房的紧急通知》	探索建立房地产市场稳定健康发展的长效机制;实行差别化的房地产调控政策;制定和完善用地政策、多元化农村闲置废弃建设用地政策;多元化解决进城农业转移人口的住房问题	调控难度进一步增大;强化差异化、多元化;房地产税费改革有望推进	待定

资料来源:《房地产蓝皮书》(2003~2013年)。

二　10年间中国房地产投资情况

10年间，中国房地产投资总量从2003年的10154亿元逐年增加，到2013年达到86013亿元，增加了7.5倍；房地产投资增幅有5个年份高于城镇固定资产投资，占固定资产比例大部分在20%以上。中国房地产业俨然成为中国的举足轻重的产业，并将在未来数年中占据重要位置。

而研究房地产发展，中观层面即可对房地产投资总量进行年度分析与预测，因为房地产投资总量决定了未来几年内的房地产开工面积、竣工面积，进而决定销售面积、存量房面积等，这需要综合考察多种变量进而得出结论。历年《房地产蓝皮书》对此重要参数进行预测，10个年度总方向预测全部正确，其中部分增速预测误差在1个百分点范围内，如2004年。当然，也有部分年份对于增速预测距离精准还有较大距离，但并不影响蓝皮书对房地产投资总体发展前景的预判。

另外，《房地产蓝皮书》比较重视研究房地产开发资金结构问题，反复提出要拓宽融资渠道，优化资金结构，尤其关注"国内贷款比重"。我国国内贷款比重从2003年的23.8%震荡下行至2013年的16.1%，显示银行作为个人住房贷款的提供方，其承担的金融风险有所下降；也说明我国房地产资金结构的不断优化。

表2 2003～2013年中国房地产业投资情况及蓝皮书预测

年份	投资总量（亿元）	同比增长（%）	高于固定资产增幅（个百分点）	占比固定资产（%）	开发资金（亿元）	占比国内贷款（%）	房地产投资年度政策	房地产投资下年度预测	准确度
2003	10154	30.3	1.2	22.2	13197	23.8	—	投资仍较大规模,增速趋缓	预测正确
2004	13158	29.6	0.8	22.3	17169	18.4	拓宽融资渠道,优化资金结构	投资增速进一步放缓,不低于20%	预测正确
2005	15909	20.9	-6.3	21.2	21398	18.3	拓宽融资渠道,优化资金结构	扭转大幅回落趋势,达20%以上	预测正确
2006	19423	22.1	-2.2	20.8	27136	19.7	—	增幅保持20%以上	预测正确
2007	25289	30.2	4.4	21.5	37478	18.7	资源向保障性住房倾斜	保持现有增长速度*	预测正确
2008	31203	23.4	-3.2	21.0	39619	19.2	4万亿扩大内需,9000亿用于保障房建设	下半年投资可望回升	预测正确
2009	36242	16.2	-14.2	18.7	57799	19.7	推出一揽子计划应对金融危机	较2009年继续提高	预测正确
2010	48259	33.2	-8.7	20.0	72944	17.2	调控政策进一步收紧	房地产开发减缓,商品房供给增幅放缓	预测正确

续表

年份	投资总量（亿元）	同比增长（%）	高于固定资产增幅（个百分点）	占比固定资产（%）	开发资金（亿元）	占比国内贷款（%）	房地产投资年度政策	房地产投资下年度预测	准确度
2011	61740	27.9	2.8	20.5	85689	15.2	经济回落可能放松房地产信贷	不至于大幅下降	预测正确
2012	71804	16.2	-4.4	19.7	96538	15.3	坚持调控不动摇，但"限购"等效果减弱	稳中略升*	预测正确
2013	86013	19.8	0.2	19.7	122122	16.1	建立调控长效机制；构建完整住房体系；拓展融资渠道	趋于稳定*	待定

说明：a. 数据来源于丁兴桥《2012年房地产投融资现状及2013年趋势分析》，载魏后凯、李景国主编《房地产发展报告No.10》，社会科学文献出版社，2013；2013年数据来源于丁兴桥《2013年房地产投融资现状及2014年趋势分析》，载魏后凯、李景国主编《房地产发展报告No.11》，社会科学文献出版社，2014。

b. 该表内数据有的与年度蓝皮书中的数据稍有出入，考虑为统计校准产生，未予调整。

c. 预测内容均摘自各年度蓝皮书"总报告"，*表示资料摘自该年度蓝皮书的分报告。

三 10年间中国商品房价格情况

2003~2013年的10年间，中国的房地产业飞速发展，其中与百姓息息相关的就是房价的直线攀升。全国平均住宅房价从2003年的2197元/平方米，增长到2013年的5850元/平方米，增长了1.66倍。而部分一线城市更是增长了4~5倍，如2004~2012年，房价年均增长福州19.3%、宁波18.1%、厦门17.3%等。[1]

1998年《关于进一步深化城镇住房制度改革，加快住房建设的通知》出台，居民自用住房一般通过购买商品住宅来实现。近10年，房价增速远远超过居民收入水平增长，因此房价成为关系民生的大事。而我国房地产市场处于初步成长阶段，有较多不规范、不合理，甚至不合法的操作；而且政府在调控房价过程中，为了尽快达到目标，往往频频出台短期政策或措施，使得我国房价发展缺乏明显的规律性和延续性。因此，各方对房价的预测如雾里看花，难以捉摸。

在众多分析、预测机构中，《房地产蓝皮书》受到较高关注。梳理其10年的有效房价预测，预测正确的有7次，占70%；预测不够准确的2次（总体趋势正确，增幅判断有误），原因在于2007~2008年国际金融危机波及我国房地产市场，使房价出现大起大落，此为偶然事件；完全错误1次，占10%。

蓝皮书始终预测房价走势是上升的，只是在个别年度有所波动。这与10年来中国房价的总趋势是一致的。这意味着，面对我国很不规范的房地产地市，《房地产蓝皮书》的预测还是比较准确的。

综上所述，《房地产蓝皮书》在宏观层面、中观层面和微观层面上的预测都是比较准确的，对于社会各界了解房地产市场有

---

[1] 魏后凯、李景国主编《中国房地产发展报告No.10》总报告，第18页。

表3　2003~2013年中国商品房价格走势一览及蓝皮书预测

单位：元/平方米，%

年份	商品房	同比	住宅	同比	年度基本评价	房价下年度预测	准确度
2003	2357	3.8	2197	3.9	总体上稳中有升	上涨压力不容忽视	预测正确
2004	2778	17.9	2608	18.7	房价攀升	保持上升趋势,增幅有所回落	预测正确
2005	3168	11.4	2937	12.6	下半年起增幅回落	房价仍将上升,增幅有望回落	预测正确
2006	3367	6.3	3119	6.2	部分城市房价增长较快	涨幅在5%以下	预测不够准确
2007	3885	15.4	3665	17.5	四大城市走势不一,部分城市上涨较快,部分城市12月房价环比下降	涨幅大大低于上年,出现拐点可能性不大	预测不够准确
2008	3800	-2.2	3576	-2.4	从8月开始下降,年底出现拐点	2009年总体高位,上半年房价下降预期强烈,下半年房市回暖	预测正确
2009	4695	23.6	4474	25.1	一季度最低,下半年快速反转	房价盘整,增速趋缓	预测正确
2010	5029*	7.4*	4724*	5.9*	增速回落	商品房价进入相持态势,因纳入保障房平均房价可能下调	预测基本正确
2011	5377	6.9	5011	6.1	增速与上年持平,年底回落,地区差异显著	维持整盘态势,房价将有所回落,几乎不存在上涨可能性	预测错误
2012	5791*	8.1*	5430*	8.8*	增速略高于2011年,年底翘尾	市场分化加剧,大都市区迎来较高的房价增长,而多数中小城市可能相对平稳甚至回调	预测正确

续表

年份	商品房	同比	住宅	同比	年度基本评价	房价下年度预测	准确度
2013	6237	7.7	5850	7.7	增速较2012年减缓,东部地区维持高位,增速中部高于东、西部	延续交易热度,成交价保持小幅增长	待定

说明：a. 2003～2007年数据来自2008年版房地产蓝皮书"总报告",其部分数据与年度蓝皮书中的数据稍有出入,考虑为统计年度校准产生,未予调整。

b. 其余年份数据摘自年度蓝皮书中"总报告"。带"*"数据,其同比值不等于直接与上年度数据相比,未予调整。

很大的借鉴意义,这源于其客观公正、科学中立的学术态度。更为重要的是蓝皮书厚重的责任感,从第一本书起,蓝皮书就设置"政策建议"栏目,结合时下建言献策。从建议宏观调控房地产市场,呼吁建立积极的住房消费理念,到尽力推荐征收住房持有税,即使触及某些人的既得利益也直言不讳。而在政府推出一些不适宜的短期政策后,更是出谋划策,化解危机,是一部值得尊重的民生蓝皮书。

浅谈皮书主编定位与功能

沈雁南[*]

摘　要：皮书主编不同于一般论著主编，特别强调其编辑思想的连续性。皮书主编只有具有长期发展的编辑思考，才能铸就一部皮书的"书魂"，而皮书主编正是这样形成的"书魂"掌控者。在此基础上，皮书主编应通过选题讨论、稿件审定等具体工作，发挥"望远镜""广角镜""驱动器"功能，使"书魂"通过体例框架、专题研究及成熟的论文得到展现，从而使皮书占据其应有的地位，并发挥其应有的作用。

关键词：皮书　主编　定位　功能

一般而言，主编为一刊或一书（论文集或多人合作专著）

---

[*] 沈雁南，男，中国社会科学院欧洲研究所编审，中国欧洲学会副会长。研究方向：国际政治、欧洲政治及欧洲一体化等。

责任人，负有把握该刊或该专著政治方向、提高其学术质量、组织并协调其作者队伍等职责。但是，皮书与一般意义上的刊物或论著相比，有其不同特点。作为一种学术成果的新型发布形式，皮书负有"对中国与世界发展状况和热点问题进行年度监测，以专家和学术的视角，针对某一区域或领域的现状与发展态势展开分析和预测"，因而特别强调其为"具备权威性、前沿性、原创性、实证性、前瞻性、时效性等特点的连续性公开出版物"①。其中尤以"连续性"对皮书主编提出不同于一般论著主编的要求，对由此而来如何界定皮书主编及其应有的功能，有必要加以讨论。

笔者从1996年开始参与《欧洲蓝皮书》的策划与编辑工作，并担任副主编，协助主编周弘完成组稿、统稿和定稿等工作。应社会科学文献出版社之约，谈点皮书主编定位及其功能问题，以就教于皮书同行，共同探讨皮书发展问题。鉴于出版社已有专门针对皮书主编的工作条例，本文所议仅为个人的工作体会。

一 皮书主编的定位

但凡一书之主编，必定是一书之统帅，但仅仅做个事务型统帅，组织会议、分配任务、催缴稿件及审稿等，这是远远不够的。尤其对皮书这样特定型的学术专著而言，主编更应具有学术

---

① 《社会科学文献出版社皮书主编工作条例（试行）》，中国皮书网，http://www.ssdph.com.cn/WebSites/PaperInternet/ChannelManager/ShouYe/PiShuGuiFan/aKECszVmZJUGK3hfenV+4DxYwt8+CGJO9rsiZwbhcmsbhcms.htm。

主导功能，称之为一部皮书之"书魂"掌控者恐并不为过。但是，将主编定位为"书魂"掌控者，并不等于以主编之头脑（其学术思想与见解等）为全书全体作者之头脑，而是将全体作者的学术思想和学术见解汇聚起来，并加以融合形成一书之"魂"。如此，皮书方能构成有骨有肉的整体。如果"书魂"在主编掌控下能得到确立并强大，则其"骨骼"（一书之框架和布局）健全完善，其"肌肉"（各篇章之内容）发达俊美。反之，该皮书则会呈双目无神、面黄肌瘦、站立不稳的样子。这样的皮书即使出版问世，充其量只是在那一领域占了个座位，远不能发挥皮书应有的作用。

由于皮书具有"连续性"的特殊要求，因此，皮书主编必须具有"连续性"的编辑思想。一部皮书"书魂"的形成需要其掌控者具有极强的科学发展的眼光。主编不仅需要对一个年度或一部书"书魂"之形成负责，而且还需要对其若干年的发展及维持并完善"书魂"风格负责。只有这样"连续性"的编辑思想，才能使皮书具有可持续性；也只有这样对长远发展的"连续性"思考，才能铸就可靠的"书魂"。

《欧洲蓝皮书》问世于1997年，策划于1996年；在主编周弘的心里，可能会更早些。当时，她对《欧洲蓝皮书》（彼时书名为《欧洲发展报告》）的设想是，全面分析欧洲年度的发展状况，以中国学者的视角对欧洲的年度发展做出判断。所谓全面，是在所涉领域上，包括欧洲的政治、经济、社会文化和国际关系；在所涉国家和地区上，包括除原苏联东欧地区（根据社会科学院研究所设置另有专门研究所负责）外的几乎所有欧洲国家；其中重要国家设专章研究，其他国家则按地区成章做综合分析。所谓判断，则是在全面介绍分析的基础上，对当年度欧洲重大问题设专题报告作出研究分析。周弘特别强调《欧洲发展报告》的连续性，从一开始便赋予其"编年史"的特征，要求其不仅当年具有较高的可读性，而且日后也具有较强的史料价值，成为中国读者了解今日之欧洲全面之发展状况及相关重大问题不可或缺的参考读物。为此，《欧洲发展报告》对专题分析的研究报告十分重视，特设专篇，力图通过专题解析当年度欧洲的热门问题勾勒欧洲发展之脉络。同时，《欧洲发展报告》很早就设立资料篇，发布经中国学者整理的欧洲年度数据统计和年度大事记。

由周弘提出的《欧洲发展报告》这一框架在经全所研究人员反复讨论成型后一直沿用至今，除了有所发展和改进，如专题报告后分出主题报告，按地区综合分析的国家也都改为专章讨论等，基本没有太大变化。框架设计的科学性，是皮书"书魂"赖以生存的重要依托，同时也反映了主编在把握"书魂"中的重要作用。其中，主编需要有正确的理论思想指导、学术研究的长年积淀，以及科学的研究方法作为基础，限于篇幅，在此不作赘论。

《欧洲蓝皮书》通过其合理的框架设计，较好地形成特有的"书魂"，不仅集中反映欧洲年度的重大发展，并对其发展中的重大问题作出及时的分析判断，成为中国读者了解欧洲的重要参考。此外，由于该书独特的研究风格，现在也成为境外，特别欧洲了解中国学者对欧洲问题看法的重要窗口。

因此，笔者认为，"书魂"掌控者是皮书主编的首要定义，即其主要定位；而把握并形成"书魂"的重要途径，便是框架设计和专题确定（这一点笔者将在下文讨论）。如果说主编因科研工作和行政事务繁忙（主编一般都担任重要项目研究和行政领导之责），可以将具体组稿、初审甚至通稿等事务交由副主编处理，但是，框架设计和主题及专题选题的确定却是皮书主编须臾不可放松的工作，必须亲历而为。

二 皮书主编的功能

就职责而言，皮书主编是皮书的统帅，需参与书稿的组织、审定等具体事务工作并给予指导和协调。然而，要提升主编履行这些职责的质量，就还需要对主编的功能做进一步讨论。笔者以为，皮书主编在其履行职责中，应该发挥如下三大功能。

1. 皮书主编应具有"望远镜"的功能

作为一种特别需要强调连续性的学术专著的主编，皮书主编不仅需要着眼于当年度所涉领域的发展问题，还需有对其未来若干年内的发展状况有一个大体的趋势判断，并在当年度专题确定之后，对下年度的专题做出预案，从而使每年的专题讨论能够相互衔接，形成体系。这种体系不仅仅是内容上的，更重要的是在视角上、深度上也有所体现，是一种多层次、多视角，不断深化的研讨体系。尽管发展形势多有变化，但如果设有预案，便能形成独具风格的研讨体系，这对树立该皮书的权威极有益处。

举例来说，《欧洲蓝皮书》在2003年就当时欧美在对待伊拉克问题上的矛盾这一问题，讨论了欧美外交理念冲突背后的发展模式差异等深层原因，并重点讨论了欧洲社会的发展模式（这种对欧美发展模式的差异及对欧洲发展模式的关注是以前学术界很少有的，至少在国内学界是具有开拓性的）。此后，连续四年就欧盟东扩、欧盟立宪、欧盟外交等问题发表主题报告，并在 2007 年就欧盟成立 50 周年发表题为"欧盟 50 年"的主题报告，对欧洲一体化的历史和现状，从政治、经济、社会、外交等角度做全面的回顾与分析，并提出其在当今国际舞台上地位和作用的综合判断。由此，在一个时间段内，通过系列主题报告，对欧盟进行了多视角、多层次的研究，形成相对独立的研究体系。又如在中欧关系问题上，在每年一度的专题讨论的基础上，针对 2008 年北京奥运期间中欧关系出现的问题发表主题报告，对欧盟"中国观"的变化进行深入分析。该文突破以往对中欧关系多局限于政治、经济领域的讨论，深入到社会、文化的层面，收到很好的社会效应，不仅引起中国读者很大兴趣，许多媒体对该年度的发布会给予较多报道，同时也引起欧方关注。欧盟驻华大使在了解到这一年度的皮书主要内容后，与其他一些欧盟国家驻华使节一起参加该年度《欧洲蓝皮书》发布会，并在会上与中国学者展开激烈的讨论。① 这些都与《欧洲蓝皮书》主编具有一定的"远望"功能，并能集思广益、事先做出预案有很大关系。由于事先有所预测，预案准备充分（有时甚至会根据形势作出数套应对预案），《欧洲蓝皮书》没有出现过临阵磨枪的情况，从而有效地保证了其长期以来专题讨论的学术质量。

2. 皮书主编应具有"广角镜"的功能

皮书主编作为其所涉领域知名专家和学者，不仅在该领域学

---

① 参见"新浪网"（http://news.sina.com.cn/c/2009-02-25/063217282661.shtml）、"搜狐网"（http://news.sohu.com/20090227/n262492082.shtml）、"金融界网站"（http://usstock.jrj.com.cn/2009/02/2700413683137.shtml）等。

术研究上应有所建树，而且还应对国内外本领域的学术发展水平有深入了解。主编应不仅能够敏锐地捕捉到当前本领域学术研究中的前沿和热点问题，避免拾人牙慧或"炒冷饭"，坚持皮书的"首创性"；同时，通过这种了解，还能够邀请到本领域的最合适的学者和专家担任执笔。这种"广角镜"功能还应该表现在对相近或相关学科的适当关注。如欧洲问题的研究者需要关心美国研究、国际关系等领域学术研究的成果；在涉及欧洲国家社会福利制度问题、欧洲能源政策、欧洲移民问题及欧洲应对气候变化政策等问题时，需要对相关领域的研究状况有所了解，以期能够对欧洲的相关问题作出准确的判断。

3. 皮书主编应有"驱动器"功能

如果说要求前面所说两种功能全部集中于主编一身，可能过于苛刻；尽管大部分皮书主编基本上都能做到，但也不排除有时部分主编因种种原因而顾及不周的情况。不管能否充分发挥"望远镜"和"广角镜"的功能，皮书主编都应具有"驱动器"功能。皮书主编应通过"驱动程序"来激活皮书作者的集体思考，使研创团队的整体能量得到最充分发挥。这种"驱动"功能主要通过主编召集各种工作研讨会和相关学术研讨会来完成。

就《欧洲蓝皮书》的经验来看，皮书工作研讨会每年主要有两次。一是每年皮书发布会后，由主编或副主编召集并主持本年度工作总结会。在对当年度工作进行总结的同时，还会根据读者和学界的反映，对当年度专题所涉问题的发展状况进行讨论，以为下一年度专题的设计做好准备。二是每年年初的工作研讨。会议根据欧洲当前形势的发展及其值得关注的问题进行充分讨论，确定总报告和专题的选题，并就作者人选做出安排。欧洲研究所作为《欧洲蓝皮书》的集体作者，要求全所人员参加者两次工作研讨会，其作者队伍也会根据专题需要和作者研究状态做出调整。在此基础上，《欧洲蓝皮书》主编主持编委会会议，审核当年度工作计划等事项，并根据审核意见正式布置当年度的工作。

同时，《欧洲蓝皮书》主编还可根据需要召集相关学术研讨会，并支持有关专题主持人召集学术研讨活动；而中国欧洲学会作为《欧洲蓝皮书》的集体作者之一，则提供了相应的学术交流平台。中国欧洲学会挂靠在中国社会科学院欧洲研究所，所长周弘既是《欧洲蓝皮书》主编，也是该会会长，这不仅为《欧洲蓝皮书》作者开展和参与各种学术交流活动提供了便利，也使得《欧洲蓝皮书》在相当程度上反映了中国欧洲研究的最新发展状况。

特别需要指出的是，自出版以来每年一度的《欧洲发展报告》发布后，照例举行欧洲形势年终研讨会（由欧洲研究所、中国欧洲学会、《欧洲》杂志编辑部共同举办），对年终欧洲形势进行讨论，并预测其下一年发展趋势。在进入新世纪后，欧洲形势年终研讨会演变为"中欧大使论坛"（与《欧洲蓝皮书》发布会同时举行），不仅成为中欧交流又一重要渠道，而且也使得《欧洲蓝皮书》的学术交流发展为国际的学术交流活动，参会的欧洲驻华使节和欧洲学者经常就《欧洲蓝皮书》发布的学术观点和欧洲发展问题展开深入讨论。

《欧洲蓝皮书》主编鼓励研创团队通过各种渠道和方式参加学术研讨活动，极为有益于《欧洲蓝皮书》学术质量的提高。笔者在担任《欧洲》杂志编辑部主任期间，也经常利用编辑部年中的中青年作者研讨会，讨论年初皮书工作会议后的欧洲形势，部分作者会根据年中的形势讨论，对其承担的选题进行适当调整。

在上述这些皮书工作会议及相关的学术讨论和交流活动中，皮书主编显然起到了重要的"驱动"作用。当然，这一作用也会在主编审稿、定稿等工作中得到体现，但对团队整体能量的"激活"和"驱动"，还是主要通过主编主持的各种会议来实现的。

笔者认为，皮书主编必须要在其承担的职责中表现出上述"望远镜""广角镜"和"驱动器"三种功能的作用，否则，仅仅是皮书一般事务的管理者，碌碌而很可能无为。主编要发挥这三种功能，不仅需要有深厚的学术积淀，还应积极地参与到皮书的具体工作中去。

三 结语

综上所述，皮书主编是一部皮书成功与否的关键之所在。从定位与功能来看，皮书主编需要有良好的学术修养和行政组织能力，且有充沛的工作精力和高尚的献身精神；这最后一点在学界尤为重要，因为皮书毕竟是一项集体工程，而学者大都喜欢做个性的学术研究，皮书对主编个人学术研究的发展不可避免会带来影响。所以，献身精神是皮书主编必须具备的素质。此外，由于皮书所强调的连续性，皮书主编不仅需要有献身精神，还要有长期献身的精神。不过，笔者以为，从一部皮书在其领域的权威地位和学术贡献来看，从皮书工作同时也对科研工作具有反哺作用来看，为此而献身是值得的。勤于耕作，必有所获。

同时，无论从皮书"连续性"的要求来看，还是从其发展的稳定性需要来看，皮书主编人选的稳定性也很重要。《欧洲蓝皮书》主编周弘承担此项工作长达17年之久，对于该皮书的稳定发展发挥了重要的作用。

以上所论，仅出自笔者个人体验，故为"浅谈"，谬误难免，还请业内同行批评指正。

永不懈怠地探索区域经济新模式

——安徽皮书系列八年回眸

王开玉[*]

摘　要： 盛世兴文，改革开放以来，中国区域经济在新时期迅速发展，我们原有的经济模式理论和思维也由此得到了一些突破。本文分析了《合肥经济圈经济社会发展报告》《皖江城市带承接转移示范区建设报告》《安徽社会发展报告》《安徽社会建设分析报告》等皮书的编写过程，揭示了欲成大器，必须要有耐心。皮书要打造成为国家智库图书，紧扣科学思想发展前沿，其研究就必须紧跟经济社会发展步伐，特别是对经济社会发展中出现的一些新的模式、新的创造、新的特点，要坚持不懈地去研究；同时，要立足于发展，从多元、多维、多彩的视角去观察，将充满活力的经济生活和社会生活及时展现出来。

关键词： 国家智库　区域经济　新模式　新探索

---

[*] 王开玉，男，安徽凤阳人，安徽省社会科学院二级研究员，安徽大学、安徽师范大学兼职教授，安徽蓝皮书项目协调人，长期从事中国现代化研究。

古人云，盛世兴文，改革开放以来，中国区域经济在新时期迅速发展，我们原有的经济模式理论和思维也由此得到了一些突破。中国社会科学院社会科学文献出版社开创的皮书系列已成为紧跟发展步伐、紧扣经济社会发展前沿、走向国家智库图书的亮点品牌。2006年之前，安徽在省内出版了一些社会阶层经济发展报告，皮书系列图书一本也没有。安徽是中国农村改革的发源地之一，大包干、中国农村税费改革等影响全国的改革都是从安徽开启的。在党和政府的领导下研究安徽经济社会发展，加入皮书系列是安徽社会科学界义不容辞的责任。2006年社会科学文献出版社谢寿光社长来到安徽做学术报告，推动了皮书安徽项目的突破。2006～2013年的八年间，安徽系列皮书出版了8本。皮书系列发挥了其一如既往的权威性、前沿性、原创性和实效性的特点，为安徽探索区域经济社会发展新模式做出了重要的贡献。在安徽，合肥经济圈的模式在全国独树一帜。《皖江城市带承接产业转移示范区建设报告》是中国第一本研究承接转移示范的区域经济皮书。此外，中西部省份第一本社会建设专题皮书也在安徽出版。这些内容和形式，在安徽系列皮书的历史上都是一个创新，一个新的探索。我们深刻体会到，要编好皮书必须永不懈怠地进行探索和创新。

一 合肥经济圈模式在全国独树一帜

最先出版的由合肥市政协和安徽省社会科学院共同编辑出版的中国省会经济圈蓝皮书系列三本：《合肥·六安·巢湖发展报告 No.1 2007》《合肥·六安·巢湖·淮南及桐城发展报告 No.2

(2008~2009)》《合肥经济圈经济社会发展报告No.3（2010~2011）》。其中，《合肥·六安·巢湖·淮南及桐城发展报告No.2（2008~2009）》获两项皮书系列奖，一项是2011年获第二届"优秀皮书奖·提名奖"，另一项是2012年获第三届"优秀皮书奖·报告奖"一等奖，这也是皮书的最高奖项。

合肥经济圈是安徽省最早的区域经济。2006年，安徽省第八次党代会明确提出，合肥要提高经济首位度，形成具有较强辐射带动力的省会经济圈。2007年初，安徽省十届人大五次会议确定规划建设以合肥为中心，六安、巢湖为两翼的省会经济圈。2009年8月21日，正式将"省会经济圈"更名为"合肥经济圈"。这是安徽省新时期发展区域经济的一个新起点。

合肥经济圈在全国独树一帜，因为它既发挥了政府的作用，也充分发挥了市场在资源配置中的作用。在全国的区域经济中，一般都是先经过国家或政府相关部门批准，然后再实施。合肥经济圈中的淮南市和桐城市于2011年主动申请加入合肥经济圈、合淮同城化。2012年11月，定远县加入合肥经济圈。2013年年底，滁州市加入合肥经济圈。各市县都是按照市场经济的发展需要，在体现企业、老百姓的强烈愿望下，先申请加入后获得相关部门批准，这样充分体现了市场配置资源在区域经济中的作用。

在《合肥·六安·巢湖·淮南及桐城发展报告No.2（2008~2009）》中，由王开玉、吴丹等撰写的总报告中提出的"合肥速度"，《合肥经济圈经济社会发展报告No.3（2010~2011）》中提出的"合肥力度"，受到国内外学者的肯定和好评。世界著名杂志《经济学人》中文网发布的一份名为《2012全球都市圈监测：减速、复苏与相互依存》的报告中指出，美国布鲁金斯学会（Brookings Institution）发布2012年度《全球都市圈监测报告》，正式将合肥"圈"入全球300个都市经济体版图，合肥首度入席。根据布鲁金斯学会的计算方法，2007~2011年五年间，合肥凭借人均GDP增速15.3%和新增就业率3%的成绩，坐上了全球300个城市都市经济体的"第一、二把交椅"。《合肥晚报》在报道中也指出，以就业来说，近年来合肥第三产业快速发展，解决了大量来自农村的劳动力；承接产业转移，产业工人的饭碗问题迎刃而解；作为科教之城，对高端劳动力的吸引力也相当强。合肥的就业增长率这个指标夺得世界都市经济体的亚军，也实属不易。

《合肥经济圈蓝皮书》进入了决策层，不仅在经济圈而且在全省都发挥了极大的影响力。合肥自2007年以来取得的就业增长率好成绩，是合肥市经济社会发展的综合推动，是以人为本城镇化建设的新成就。把合肥建设成为区域性的特大城市已成为国家战略。

《合肥经济圈蓝皮书》的价值还表现在书中提出了许多新观点、新理念。在《合肥·六安·巢湖发展报告No.1 2007》中，由王开玉、吴丹等执笔撰写的总报告中提出的"生态补偿机制"，安徽省省长专门作出了批示，并在全国"两会"上进行了交流，而且衍生了合肥智慧城市的建设和信用安徽的建设。2011年8月，在合肥召开了第十二次皮书工作会议，从这次会议以后，由社会科学文献出版社主办的一年一度的皮书工作会议，上升为由中国社会科学院主办，这也是中国皮书研究的又一个新起点。

二 出版安徽首部经济蓝皮书——《皖江城市带承接产业转移示范区建设报告（2014）》

在改革开放的新形势下，安徽抓住机遇、创新驱动、不断发展，激活了区域经济之间相互促进的发展动力，形成了改革开放的新的活力、新的机制。皖江示范区作为全国首个以承接转移为主题的区域规划，近年来发展成绩令人瞩目。特别是其对在成就安徽东向战略，形成了安徽区域经济发展新格局方面，发挥了特殊的作用。皖江示范区以"创新发展、跨江发展、集约发展、绿色发展、联动发展"为发展战略，经过三年的建设和发展，起到了预期的承接转移和示范作用，在扩大改革开放中取得了良好的成效，为安徽经济和社会的发展夯实了基础，成就了东向发展战略，提升了安徽区域经济的品位，成就了具有安徽特色的区域创新的新格局。

皖江示范区建立以来，扩大开放，创新驱动产业转型，推动了安徽经济的发展，它的作用不仅是一个大开发区，更重要的是一个区域经济的板块，充分发挥了区域影响力、凝聚力、辐射力，形成了安徽区域经济的新格局。皖江示范区对全省经济增长的贡献达70%，拉动全省经济平均增长近10个百分点，促使安徽增速跃居中部第一位。皖江示范区的建设也是促进中部地区崛起的战略之一，也是长三角地区发展的重要组成部分，在发展中逐步加强了与长三角等地区的合作交流。2010~2012年，沪苏浙向皖江示范区转移产业4777.9亿元，占皖江示范区利用省外资金的57.5%,战略性新兴产业产值增长到3962.4亿元,占全省比重达到77.8%。皖江示范区在发展中不断加强和长三角中下游城市群的联系,使安徽在全国区域经济竞争格局中的地位发生了新的变化。

《皖江城市带承接产业转移示范区建设报告（2014）》全面、系统地总结了皖江城市带承接转移示范区（以下简称"示范区"）四年来建设与发展的情况,分析了新形势下示范区所面临的机遇与挑战,揭示了示范区的创新做法、经验和示范价值,提出了进一步推进示范区建设与发展的对策建议。实施创新驱动的发展战略决定着中华民族的前途命运,安徽最突出的也是自主创新引领,依托科技进步,加快产业转型升级,形成更具竞争力的现代产业体系。该皮书的出版为社会各界全面了解皖江示范区的创新驱动对全省的带动作用提供了较为权威的资料。

在该皮书的编写上,课题组不同于其他一些省份对全省的经济发展做出研究报告那样,而是想尝试对安徽区域经济的国家品牌进行研究和分析,《皖江城市带承接产业转移示范区建设报告（2014）》出版后,课题组还计划出版"合芜蚌自主创新综合配套改革试验区研究报告""进一步加快皖北地区经济发展研究报告""皖南国际文化旅游示范区研究报告"等相关皮书。课题组也体会到,出版一本皮书无论在调研上还是提炼上,要使它的内容和观点进入决策层,需要进行综合的研究和深入的分析。要写好一本皮书,其广度和深度的要求非常之高,难度是很大的。

三 《安徽社会建设蓝皮书》的专题研究推动了社会发展和社会组织建设

安徽反映社会的皮书有两本，一本是安徽大学主办的《安徽蓝皮书：安徽社会发展报告》。另一本是由安徽省社会学会、安徽省社会科学院、中国安徽省委党校编撰的《安徽社会建设蓝皮书：安徽社会建设分析报告》。笔者同时担任这两本书的编委会副主任和执行主编。《安徽社会发展报告》主要是从宏观上对安徽社会发展进行研究、评价和分析；而《安徽社会建设蓝皮书》主要根据安徽的特点，进行专题研究。从社会管理、社会组织、社会事业、社会保障、社会结构等五个方面深入剖析了安徽社会建设中的重点、热点、难点问题。新华社发消息称，这是我国第一本中西部省份专项研究社会建设的专著。该书结合安徽实际，总结了我国城乡探索社会管理的最新经验。

《安徽社会建设蓝皮书》在社会组织专题篇中，列出了四个专题。在专题中评价分析了安徽社会组织的发展基本情况及其发展的制度环境；研究分析了安徽社会组织评估的指标体系和评估程序；探讨了如何在"十二五"期间加快安徽社会组织的建设发展；总结了近年来安徽省农业专业经济协会的发展，揭示了专业合作社的特点及其发展阶段，并提出农村专业经济组织发展的对策研究。其中，对安徽省社会组织评估指标体系的分析，是对安徽省社会组织发展进行的一次全面的研究评估，也是安徽省首次在皮书中系统发布社会组织评估结果。

社会组织专题篇系统介绍和总结了安徽民间非企业组织的发

展状况，具有创新性地分析了安徽社会组织评估指标，对安徽省民非组织的发展壮大和繁荣起到了一定的推动作用。

为贯彻安徽省委、省政府建设生态强省建设的目标要求，《安徽社会建设蓝皮书》还专门辟出"社会事业篇"，突出生态竞争力，对安徽省生态文明建设进行专题研究。其中，由丁阿丽执笔撰写的《提升生态竞争力是安徽城乡发展的新战略》一文，对提升生态竞争力这一新战略进行全面而深入研究；对安徽省六安市加快生态文明建设进行了实地研究和科学分析；对如何营造徽州文化产业化发展的良好环境、加快其发展进程给出了逻辑清晰的解答；对安徽农村图书发行市场的现状做了详尽描绘，对存在问题进行了科学剖析，并提出切实可行的解决办法。

欲成大器，必须要有耐心。要将皮书打造成为国家智库图书，紧扣科学思想发展前沿，其研究就必须紧跟经济社会发展步伐，特别是对经济社会发展中出现的一些新的模式、新的创造、新的特点，要坚持不懈地进行研究；同时，要立足于发展，从多元、多维、多彩的视角去观察，将充满活力的经济生活和社会生活及时展现出来。

参考文献

《安徽首部关于社会建设的蓝皮书正式出版》，新华网，http：//www. ah. xinhuanet. com/2013 - 03/11/c_ 114972708. htm。

魏从兰：《城市的嬗变》，合肥工业大学出版社，2014。

吕珂、王蓉：《合肥唱出 世界"好声音"》，《合肥晚报》2012年12月6日。

董昭礼、盛志刚、王开玉：《合肥经济圈经济社会发展报告 No.3 (2010~2011)》，社会科学文献出版社，2011。

黄家海、王开玉、蔡宪：《安徽社会建设分析报告 (2012~2013)》，社会科学文献出版社，2013。

程桦、范和生、王开玉：《安徽社会发展报告 (2013)》，社会科学文献出版社，2013。

丁海中、周禹、王开玉：《皖江城市带承接产业转移示范区建设报告 (2014)》，社会科学文献出版社，2014。

《妇女发展蓝皮书》与妇女发展及妇女学学科建设[*]

王金玲[**]

摘　要：过去，妇女研究和性别研究在国际社会上常常处于边缘地位。《妇女发展蓝皮书》对妇女发展和性别平等相关行动经验进行总结、提炼，以系统化的知识引导妇女发展和性别平等相关社会行动，向国际社会提供了妇女发展和整合性别研究的中国本土知识、方法和经验，把妇女研究提到一个较高的地位。本文通过介绍《妇女发展蓝皮书》的内容和框架，指出《妇女发展蓝皮书》多学科、跨学科、多领域、多层面和多视角的特点，以及它对妇女发展及妇女学学科建设的重要作用。

关键词：《妇女发展蓝皮书》　妇女发展　妇女学

---

[*]　本文是根据浙江省社会科学院社会学研究所所长王金玲在第十四次全国皮书年会（2013）上的讲话录音整理而成。

[**]　王金玲，女，浙江省社会科学院社会学研究所所长、研究员，浙江师范大学社会学硕士生导师。研究方向：社会学、女性与社会性别研究、婚姻与家庭、妇女违法犯罪等。

《妇女发展蓝皮书》是从性别的角度对整个妇女发展，包括社会发展进行的研究。从整个国际学术的研究领域来看，当代研究必须具备三种基本视角，一是积极阶层的视角，二是性别的视角，三是种族和民族的视角。然而过去，妇女研究和性别研究在国际社会上经常处于边缘地位。《妇女发展蓝皮书》的出现，以皮书作为纽带，对妇女发展和性别平等相关行动经验进行总结、提炼，以系统化的知识导引妇女发展和性别平等相关社会行动，向国际社会提供了妇女发展和整合性别研究的中国本土知识、方法和经验，把妇女研究提到一个较高的地位。因此，《妇女发展蓝皮书》对妇女的发展和妇女学科建设有重要的意义。本文将从中国的《妇女发展蓝皮书》的特点、内容和框架以及价值三个方面，探讨《妇女发展蓝皮书》与妇女发展及妇女学学科建设的关系。

一 《妇女发展蓝皮书》的特点

（一）多学科

《妇女发展蓝皮书》不只包涵单一学科的内容，而是从经济、政治、社会等各个学科的层面来撰写，具有多学科的特点。

（二）跨学科

《妇女发展蓝皮书》是从社会学的角度进行人权研究，或者从经济学的角度考察妇女的社会地位，因此，它具有跨学科的特点。

（三）多领域

不同于其他行业或者领域的皮书，《妇女发展蓝皮书》包括了社会、经济、文化、政治等多个领域的研究内容。特别是1995年第四次世界妇女大会上提出的"贫穷、教育、保健、暴力行为、武装冲突、经济、参与决策、提高妇女地位、人权、新闻媒体、环境和女童"十二个关切领域，为《妇女发展蓝皮书》起到了导向作用。目前，已出版的四本《妇女发展蓝皮书》的均是按照某一特定主题来展开的。

（四）多层面

《妇女发展蓝皮书》涉及三个层面的内容。一是学术探讨。以学术探讨为科学研究的基础，从而促进科学研究的展开和深入。二是社会行动。以皮书为纽带，把学者和行动者结合起来，以知识的力量推进社会行动。三是政策倡导。课题组提出的建议和对策，要进入政府的决策层中，由政府进行政策倡导，发挥更大的影响力。

（五）多视角

性别，作为生物的构成，指的是与生俱来的男女生物属性，而社会性别是一种文化构成物，是通过社会实践的作用发展而成的女性和男性之间的角色、行为、思想和情感特征方面的差别。[1]《妇女发展蓝皮书》强调，以社会性别为基础的多视角考察和评估。因此，必须是以社会性别的视角为基础的研究，包括阶级视角、婚姻视角、民族视角和性倾向的视角，这与其他皮书有根本的不同。

二 《妇女发展蓝皮书》的内容和框架

从2005年起,《妇女发展蓝皮书》已经出版了四本蓝皮书,包括《中国妇女发展报告('95＋10) No.1》《中国妇女发展报告 No.2（2007）：妇女与传媒》《中国妇女发展报告 No.3（2010）——妇女与健康》和《中国妇女发展报告 No.4：妇女与农村基层治理》。目前，课题组正在撰写和编辑中的是《中国妇女发展报告 No.5：妇女学/性别研究学科建设与发展》一书。

从框架上来看，《妇女发展蓝皮书》主要由四部分组成。第一，对《妇女发展蓝皮书》讨论主题的相关工作、发展与成就、阶段性特征、不足与建议的总体概述。第二，政府在妇女发展问题上采取的行动、成效、特征以及不足与建议。第三，为妇女服务的公益性非政府组织在妇女发展问题上采取的行动、行动的成效、特征以及不足与建议。这是《妇女发展蓝皮书》不同于其他皮书的独特框架。第四，目前相关学术研究的研究状况、研究特征、不足与建议，这是对学术界在妇女发展问题研究的整体回顾和推进。

三 《妇女发展蓝皮书》的价值

妇女发展的研究需要学者有很大的主动性和自觉性，《妇女发展蓝皮书》在中国妇女发展和性别研究之中起到了重要的作用，对妇女发展及妇女学学科建设有不可替代的重大意义。

《妇女发展蓝皮书》的出现，起到了纽带的作用，联结了学术界、行动界与决策机构，联合了学者、行动者和政府部门领导，形成一股合力，共同促进妇女发展和性别平等领域行动的知识化和知识的行动化。该书把行动的经验凝聚成知识，再用这种知识促进整个社会妇女发展的向前推进。

《妇女发展蓝皮书》对妇女发展和性别平等相关行动经验进行总结、提炼和知识化，使之成为学科知识的重要组成部分，进入知识传承体系。目前，皮书已经成为高校不可或缺的参考书之一，尤其是部分皮书所涉及的知识点已经直接进入到教学领域，成为课堂教学的内容，被传播给学生。作为课程的组成部分，《妇女发展蓝皮书》通过这种方式，把妇女发展的相关行动提升为一种知识。过去，有关妇女发展和性别平等的知识处于边缘地位；如今，它已逐渐成为主流知识的重要组成部分，在总体知识体系中占据了重要地位。

《妇女发展蓝皮书》以系统化的知识引导妇女发展和性别平等相关的社会行动，对妇女发展和性别平等相关政策进行倡导。在这方面，研究团队做了很多努力。一方面，《妇女发展蓝皮书》问世之后，为有关妇女发展和性别平等的社会行动提供了知识导向。同时，皮书中提出的相关决策和建议，直接进入到政府部门之中。如皮书中提出的把"打击拐卖人口，尤其是妇女儿童"，改变为"反对拐卖人口，尤其是妇女儿童"。这样使得公安的预防、打击拐卖行为进入到国家反拐行动中去。

《妇女发展蓝皮书》向国际社会提供一种妇女发展和性别研究的中国本土知识、经验和方法。只有对男性主流社会学和国外女性主义社会学的体系进行女性化和本土化的双重重新定义后，中国的女性社会学才会既有别于男性主流社会学，又有别于国外女性主义社会学的自己的"话语"及体系。[2]《妇女发展蓝皮书》的出版,把国际妇女发展研究提到一个较高的地位,也使得中国的妇女发展研究在国际社会拥有一席之地。

参考文献

[1] 刘霓:《社会性别——西方女性主义理论的中心概念》,《国外社会科学》2001年第6期。

[2] 王金玲:《学科化视野中的中国女性社会学》,《浙江学刊》2000年第1期。

区域竞争力研究与科研团队建设[*]

——以福建师范大学全国经济综合竞争力研究中心的科研团队为例

黄茂兴[**]

摘 要：在中国社会主义市场经济条件下，提升区域竞争力对提升我国经济综合竞争力，进而提升我国国际影响力和竞争力有重要意义。然而，区域竞争力研究的重要前提是科研团队的建设。福建师范大学全国经济综合竞争力研究中心的科研团队是一支紧密型科研创新团队，在省域竞争力、环境竞争力、国家创新竞争力和海峡西岸经济区经济热点问题四方面的创新性研究取得了突出成果。本文指出科研团队建设应当依托于创新性研究工作以及坚实的科研平台与完善的学科体系。

关键词：区域竞争力 科研团队 建设

---

[*] 本文是根据福建大学经济学院教授黄茂兴在第十四次全国皮书年会（2013）上的讲话录音整理而成。

[**] 黄茂兴（1976~），男，经济学博士，福建师范大学经济学院教授；主要研究技术经济、区域经济、竞争力问题研究。

区域竞争力指经济区域通过在全球范围内吸引和有效配置资源，均衡地生产出比其竞争对手（其他同类区域）更多的财富、占领更大份额的国内外市场，以实现区域经济持续增长的能力。[1]在中国社会主义市场经济条件下，区域竞争力的研究对提升我国经济综合竞争力，进而提升我国国际影响力和竞争力有重要意义。然而，进行区域竞争力研究的重要前提是科研团队的建设。为了适应国际竞争力发展和国内区域经济竞争力发展的需要，福建师范大学与有关单位联合成立了全国经济综合竞争力研究中心，在区域竞争力研究方面取得了突出成果。本文从全国经济综合竞争力研究中心科研团队的基本情况、标志性科研成果、目前正在开展的创新性研究工作以及平台条件四方面，讨论科研团队如何建设的问题。

一　团队基本情况

为了适应国际竞争力发展和国内区域经济竞争力发展格局的需要，2006年1月，福建师范大学与有关单位联合成立了全国经济综合竞争力研究中心。同年11月，经校党委常委会批准，福建师范大学正式成立福建师范大学分中心。成立至今，中心得到了快速发展，现已形成了一支拥有26人的紧密型科研创新团队。主要的研究方向包括：省域经济综合竞争力评价与战略研究、环境竞争力评价与发展战略研究、国家创新竞争力评价与战略研究、低碳经济竞争力评价与战略研究、创意经济竞争力评价与战略研究。

全国经济综合竞争力研究中心的成立有其特殊的背景和需

求。从学科发展前沿和增长来看，全国经济综合竞争力研究属于经济学、管理学等多学科的交叉、融合。从国家和地方需求来看，一方面，由于国际竞争激烈，提升国家和区域的综合竞争力已成为国家和区域发展的重大战略目标；另一方面，为了服务海峡西岸经济区建设，中心的成立有重要的意义。在基本背景和战略需求之下，全国经济综合竞争力研究中心已逐渐形成了省域经济综合竞争力、环境、国家创新竞争力和低碳经济竞争力等多个特色研究方向，在国内外产生较大反响。

从团队成员来看，全国经济综合竞争力研究中心的科研团队是一支紧密型的科研创新团队。团队成员年轻化，平均年龄不足30岁。然而，26位团队成员中，17位具有博士学位，9位具有硕士学位。团队成员大部分来自中国科技大学、西安交通大学、浙江大学、中山大学等全国985重点大学，且多位成员曾在美国、澳大利亚、意大利等国留学或访学，5人入选福建师范大学优秀青年骨干教师培养对象。20.8%的团队成员具有教授职称，16.7%有副教授的职称。

经过这些年的努力，科研团队先后入选财政部支持的国家创新团队（2011年11月）、福建省科技创新团队（2012年1月），荣获"五一先锋岗"（2010年8月）、福建省第九届"福建青年五四奖章"集体奖（2012年5月）等荣誉称号。团队成员共承担国家社科基金、国家自然科学基金、国家软科学重点课题12项，教育部人文社科规划项目13项，福建省社科规划课题32项，35岁以下成员均主持过1~2项福建省社科规划或教育部人文规划课题。在《经济研究》《管理世界》《经济学动态》《人民日报》《光明日报》《求是》等刊物发表论文共计80多篇，在

CSSCI 期刊上发表论文共计 100 余篇。由团队承担的研究成果已荣获省部级二等奖以上奖励 12 项，《中国省域环境竞争力发展报告（2005～2009）》入选第六届教育部人文社科优秀成果奖二等奖。

此外，团队研创的系列竞争力皮书也获得多项奖励：2010年，《中国省域竞争力蓝皮书》荣获首届"最佳影响力奖"皮书；2011年，《中国省域竞争力蓝皮书》荣获第二届"中国皮书奖"优秀奖；2012年，《中国省域竞争力蓝皮书》《G20 国家创新竞争力黄皮书》中的单篇报告荣获第三届"优秀皮书奖·报告奖"一等奖；2013年，《中国省域竞争力蓝皮书》荣获第四届"优秀皮书奖"一等奖。

二 标志性科研成果

团队在创新性科研方面取得了突出成果。其标志性研究成果主要集中在省域竞争力问题的创新性研究、环境竞争力的创新性研究、国家创新竞争力的创新性研究和海峡西岸经济区经济热点问题的追踪研究四方面。

（一）省域竞争力问题的创新性研究

省域经济是一种集社会主义基本制度与市场经济体制的不同属性要求于一体、具有鲜明中国特色的区域经济类型，是中国社会主义市场经济不可缺失的一个重要组成部分，提升省域经济综合竞争力日益引起理论界、学术界和区域经济发展战略决策者们的高度重视。[2]在省域经济综合竞争力的研究中，截至2013年，科研团队已经出版了七本《中国省域竞争力蓝皮书》、一本《中国省域经济综合竞争力评价与预测研究》和一本《中国省域经济综合竞争力预测研究报告（2009～2012）》。2012 年，第一部英文版的 Economic Performance in China: overall competitiveness of China's Provincial Economy 在英国出版。

（二）环境竞争力的创新性研究

当前，解决环境问题，实现可持续发展，是全球各国的普遍共识和发展战略。可以预见，环境竞争力将是国家综合竞争力的关键组成部分。全球要实现可持续发展必须要大力提升全球环境竞争力。[3]在环境竞争力的研究中，截至 2013 年，科研团队出版了两本《环境竞争力绿皮书》和一本《全球环境竞争力指标体系及其评价研究》，形成了两个环境竞争力论坛。科研团队关于环境竞争力的研究还得到了联合国环境规划所的关注。此外，在福州召开的环境竞争力指标体系国际会议，科研团队邀请到二十多名国际高级经济学家到场，并获得多位国家专家的肯定。

（三）国家创新竞争力的创新性研究

开展国家创新竞争力的研究既是对创新能力和竞争力理论的进一步深化与提升，又符合当前国际国内科技创新的变过趋势，具有重要的理论和现实意义。[4]截至 2013 年，科研团队出版了《G20 国家创新竞争力黄皮书》和《世界创新竞争力黄皮书》两本黄皮书，并和有关国际组织及中国常驻联合国国际组展开合作研究。

（四）海峡西岸经济区经济热点问题的追踪研究

海峡西岸经济区以福建为主体，外引台港澳，内联赣东南浙南粤东和万湘鄂,以沿海中心城市及其城市经济圈为依托、山区次中心城市为支点,以快速便捷畅通的立体交通网络和现代通信网络为纽带,以资本、技术、管理、人才等生产要素流动为动脉。不同于行政区划的具有地缘经济利益的区域经济共同体,海峡西岸经济区肩负促进祖国统一的重要使命。[5]在海峡西岸经济区问题的研究上,科研团队出版了《海峡经济区发展探索》《海峡两岸经济发展》《"海西"国土资源、环境保护、绿色建筑理论与实践》《"十二五"时期海峡西岸经济区经济热点研究》等多本著述,对海峡西岸经济区的多个经济热点问题进行追踪研究。

三 正在开展的创新性研究工作

(一) 区域经济综合竞争力的系统理论研究

进一步深化区域经济综合竞争力的系统理论研究,联合国际著名科研机构、高等学校的科研团队,加强对竞争力理论、区域经济发展理论和国际综合竞争力理论模型等内容进行深度研究,目前已形成初步的研究成果。

(二) 全球环境竞争力研究

全球环境竞争力研究得到联合国环境规划署的支持与指导。2013年3月,联合国环境规划署在福州专门召开了"绿色经济转型与环境竞争力指标体系国际研讨会",会议邀请二十多名国际组织的高级经济学家深度评估由课题组提交讨论的全球环境竞争力指标体系，得到了多位专家的肯定。拟推出英文版《全球环境竞争力报告（2013）》。

（三）省域经济综合竞争力预测研究

自2007年起，科研团队开展了省域经济综合竞争力预测研究，开辟出多种预测模型和评价方法，连续出版了《中国省域经济综合竞争力评价与预测研究》《中国省域经济综合竞争力预测研究（2009~2012》等系列成果。目前，科研团队正继续完成预测模型设计和分析方法，不久将再次推出关于省域经济综合竞争力预测研究的最新成果。

（四）低碳经济竞争力研究

自2009年起，科研团队已安排专门人员开展低碳经济竞争力问题研究，目前已形成的成果有《二十国集团（G20）低碳经济竞争力发展报告》。

（五）创意经济竞争力研究

自2010年起，科研团队开始关注创意经济竞争力问题的研究，目前已完成《中国创意经济竞争力研究》等相关成果。

四 科研团队的平台条件

（一）坚实的科研平台

科研团队拥有坚实的研究平台。依托中央与地方共建优势的特色学科实验室——福建师范大学区域经济综合竞争力实验中心，目前共建成省域竞争力、财政金融竞争力、企业竞争力等5个实验平台，累计投入超过1000万。

（二）完善的学科体系

科研团队的形成依托于完善的学科体系。从学科专业设置来看，全国经济综合竞争力研究中心的科研团队建立在经济学院理论经济学一级学科博士点、统计学一级学科博士点、理论经济学博士后科研流动站，以及经济学国家人才培养基地等完整的人才培养体系之上，为团队发展提供了前提条件，也为智库建设提供了重要平台。

参考文献

[1] 芦岩、陈柳钦：《国内区域竞争力研究综述》，《上海财经大学学报》2006年第8（4）期。

[2] 李建平、李闽榕、高燕京：《中国省域经济综合竞争力发展报告（2011~2012）》，社会科学文献出版社，2013。

[3] 李建平、李闽榕、王金南：《全球环境竞争力报告（2013）》，社会科学文献出版社，2013。

[4] 李建平、李闽榕、赵新力：《二十国集团（G20）国家创新竞争力发展报告（2011~2013）》，社会科学文献出版社，2013。

[5] 叶飞文：《海峡西岸经济区的内涵、功能定位与政策建议》，《福建论坛》2004年第5期。

品牌战略篇

皮书2012：价值与评价[*]

蔡继辉　张静鸥[**]

摘　要：随着皮书规模和社会影响力的不断扩大，社会科学文献出版社逐渐加大了对皮书这一中国人文社会科学知名学术出版物的评价研究力度。该出版社不仅成立了专门负责皮书评价研究事宜的皮书评价研究中心，还根据皮书特性创建了皮书综合评价指标体系。该指标体系不仅对皮书的内容质量进行科学分类评价，还对皮书产生的社会影响力，尤其是媒体影响力进行了及时、全面地监测和评价。皮书综合评价不仅有利于提升皮书的内容质量和影响力，推动我国学术出版的不断发展，更是对我国人文社会科学学术研究成果系统、科学评价的积极探索。

关键词：皮书评价指标　人文社会科学学术成果评价　内容评价　媒体报道监测

---

[*] 本文曾发表于《中国图书评论》2013年第2期；本书收录时略有修改。
[**] 蔡继辉，社会科学文献出版社市场总监、总编辑助理、皮书研究院执行院长；张静鸥，社会科学文献出版社皮书研究院评价部主任。

皮书研创 与 智库建设

从 1991 年我国发布第一本白皮书开始，由政府部门发布的白皮书系列已经涉及人权、改革发展、社会保障、国防，以及近些年不断加重关注的食品安全、药品监管等多个领域。相比较而言，近些年来，由非政府和准政府组织所发布的各种皮书中，能引起广泛关注并形成规模和影响力的，主要源于社会科学文献出版社出版的皮书系列。这些皮书属独立研究报告，代表的是专家学者的观点，已经发展成为一种新的出版形态和图书品牌。目前，我国已经形成了百余个参与皮书研创的人文社会科学领域的研究团队，如中国社会科学院及省市区社会科学院、国家信息中心、清华大学、北京大学、西北大学、中国传媒大学、福建师范大学、中国欧洲学会、21 世纪教育研究院等。

单以社会科学文献出版社为例，截至 2012 年 12 月，就种类而言，该出版社已出版皮书 314 个品种（多年连续出版按一种计算）。以近三年的数据来看，2009 年出版皮书 115 种，2010 年出版皮书 139 种，2011 年出版皮书 185 种，平均每年以 20% 以上的增速保持着品种数的稳步增长，2012 年皮书种类达到 225 种，内容涉及经济、社会政法、文化传媒、行业、地方发展和国别与地区六个大类，已经形成了深入人心的"蓝皮书""黄皮书""绿皮书"三个系列；从重点产品来看，经济蓝皮书、社会蓝皮书、国际形势黄皮书、农村经济绿皮书等已经连续出版 10 年以上，具有了众多稳固的客户群体，在社会上产生重大的影响。再以社会科学文献出版社推出的"皮书数据库"为例，截至 2012 年 12 月，皮书数据库已有 3 万多篇研究报告，并以每年 1 万余篇的速度保持增长。目前，皮书数据库正在为超过 300 家的公共图书馆、高校、科研机构、政府相关部门等提供皮书数字内容资讯。

2006年社会科学文献出版社与荷兰知名学术出版机构Brill建立合作关系,加快了我国皮书国际化出版发行的步伐,《中国社会》《中国经济》《中国法治》《中国人口和劳动》《中国环境》《中国教育》等皮书先后以英文版发行,已被英国剑桥大学、牛津大学图书馆,荷兰阿姆斯特丹大学、莱顿大学图书馆等欧美多家大学图书馆收藏或订购,成为世界社会科学界研究当今中国社会和经济等一系列热点问题不可或缺的资料。目前,皮书已与英国、俄罗斯、芬兰、荷兰、日本、韩国等国家的出版机构展开了外文合作出版的工作。

以《中国环境》(环境绿皮书的英文版)为例。2008年《环境科学与污染研究》(*Environmental Science and Pollution Research International* (2008))评价说:"《中国环境》(第一卷)对中国是一本重要的著作,对世界来说也一样重要。"2009年第3期《中国国际评论》(*China Review International*)评价说:"《中国环境》(第二卷)向西方读者提供了大量关于中国环境所面临的挑战的数据和案例调查,该书可以作为大学有关国际研究和环境政策研究的补充读物。同时,该书对于大学图书馆和公共图书馆也是有价值的。"《中国社会》评审专家、斯坦福大学教授Zhou Xueguang评价说:"《中国环境》(第三卷)是一本充满统计数据、描述和简短分析的资料用书,非常适用于那些商业类和咨询类的学生及研究人员,同时也很适合于图书馆。"

皮书取得广泛关注的背后,是中国经济社会快速发展的经验与成就、问题与对策,是社会各界在快速变化的世界中判断与决策所产生的对信息的巨大需求,也是出版界对学术规范的始终坚持、对创新转型的不断探索、对品牌效应的逐层构建。

但从我国的学术界以及图书出版行业来看，每年市场上类似于皮书且公开出版的研究报告有两三千种之多，但影响力比较大、发行数量较多的除了皮书之外，并不多。且这类研究报告存在数据资料滞后，论述方法和框架结构缺乏科学性，重复率过高等质量问题，内容缺乏学术著作的原创性、规范性和科学性。当然，皮书在研创出版过程中也存在诸如受研究经费的制约或主编变动等因素的影响，部分皮书质量不高、学术规范性有待加强，同时也有部分皮书原来质量高、影响大，但因为各种原因，质量出现下滑。这就造成了目前我国研究报告类专业学术图书整体内容质量不高、学术不规范、社会影响力小等问题，既不利于专家学者们的学术交流，更阻碍了我国专业学术出版物走向世界。

由此，皮书评价体系的作用进一步凸显。皮书评价不仅是提升皮书内容质量的有效途径，更是对我国学术研究成果进行系统、科学评价的积极探索。近年来，社会科学文献出版社在不断扩大皮书数量和规模的基础上，逐渐加大对皮书评价研究的力度，对达不到要求的皮书建立淘汰机制，或者强制退出，或者邀请更有实力的研究单位和主编承担。为了将皮书系列建设成国际知名、国内权威的学术图书品牌，并成为人文社科工作者服务中国社会主义现代化建设的重要载体和智库平台，社会科学文献出版社不仅于2009年成立了皮书评价研究中心，专门负责皮书的评价研究等事宜，还创建了皮书综合评价指标体系——皮书内容评价指标体系和媒体报道监测指标体系，其计算公式为：皮书综合评价结果＝皮书内容评价结果×0.7＋媒体报道监测评分结果×0.3。

为了让皮书的评价更加客观、公正、科学，皮书评价研究中心在皮书评价指标体系评分项和权重设置方面进行区别，根据学科分类和研究领域将皮书分为经济、社会政法、文化传媒、行业、地方发展、国别和地区六个大类，分类评价。以经济类皮书的评价指标体系为例，我们对皮书的综合评价指标进行详细说明。

首先，经济类皮书的内容评价指标体系包括了课题价值与意义、编写体例、内容质量、社会影响、文字重复率五个一级指标，其中内容质量分为科学性、实证性、创新性、前沿性、时效性五个二级指标；社会影响分为权威性、咨政性两个二级指标。具体来说，"课题价值与意义"这一指标侧重评价该课题是否属于某一明确、科学、学界普遍认可的研究领域和学科范围，其评分标准为该选题是否有明确的研究领域或明确的学科分类，是否具有较高的理论价值和实践意义，是否填补了本研究领域空白或对实践有较强的指导价值。"编写体例"则评价是否符合皮书体例规范要求，其评分标准为书名、篇章节名、中英文摘要和关键词等是否符合皮书要求，内容特点和编写体例是否符合皮书规范。"内容质量"的"科学性"指标反映了该皮书的内容框架、研究方法是否科学，评分标准为内容框架是否反映了本研究领域的基本研究范畴，是否使用科学的研究方法，调查方法是否符合人文社会科学的学术研究要求；"实证性"则主要考察所评价皮书含有第一手资料（含专项调查数据、评价与评级报告等）的研究报告占全书文章篇数的百分比，以及以数据或调查资料作为立论基础的研究报告占全书的百分比；"创新性"评价则是该皮书的研究思路、研究方法及主要报告观点是否有所创新；"前沿性"一方面考察皮书总报告和分报告中是否有对今后发展态势的预测或建议，另一方面考察皮书是否反映现实生活中的热点、重点问题；"时效性"则从皮书所用资料的年份（以研究报告所采用数据的最终截止时间为准）和皮书的出版时间两方面进行评价，所用数据资料越新，得分越高，且由于经济类皮书大多是对未来中国经济状况的分析预测，所以出版时间在出版年前一年11月至出版年2月之间出版的皮书该项得分为满分，并以此类推，分数递减。"社会影响"的"权威性"主要评价主编和主要撰稿人的权威性，分别从是否具有相对固定的核心作者和常设课题组，且相对固定的核心作者须具备一定的学术权威性，主编是否为全国或地方著名学者，单篇报告第一作者为副高及以上职称的文章所占比例这三个评价标准进行评价；"咨政性"的评价标准为皮书是否被相关领导或政府部门批示、审阅或采纳皮书资政建议。"文字复制比"则是通过知网的学术文献检测系统（CNKI），检测到皮书研究报告与其他学术期刊论文的文字重合度，报告内容重合度在25%以上的就要进行扣分。

其次，经济类皮书的媒体报道监测指标体系包括了媒体报道覆盖率、媒体报道形态类型、时续性三大部分。其中，"媒体报道覆盖率"由地域范围（根据国际媒体、国内综合性一级媒体及其他媒体的报道情况，分值不同）、网络覆盖范围（通过搜索引擎检索，网页新闻检索数量每100条计1分）、跨媒体范围（报纸、电视、广播、网络、手机报等多种媒介进行报道的，每一种媒介得2分）三个评价指标组成；"媒体报道形态类型"由报道类型（结合时事热点和皮书观点进行主题策划并综合报道，长篇通讯或专题报道，消息、简讯形式报道，在国内综合性一级媒体的头版或重点栏目中进行报道的不同报道形态进行评分）、评论类型（中央电视台就皮书发布或皮书观点制作的评论节目、媒体专访作者或制作相关评论专题、纸媒或网络媒体就皮书发布或者皮书观点发表评论文章、网友就皮书报道发表相关评论的，包括皮书微博评论或转发）、报道形式（直播、音视频和文字报道三种形式）三个评价指标组成；"时续性"则包括持续性（皮书观点被两次或多次报道引用的，皮书发布一周之后或出版当月之后仍有媒体报道的）和时效性（新书发布后3天内或出版当月进行报道的情况）两个评价指标。

另一方面，在评价人员和评价流程方面，皮书评价研究中心组织各领域专家、资深编辑、资深媒体人组成皮书评价小组，通过以定量分析为主的初评、以定性分析为主的合议终评、结果复核、将评价结果反馈给各皮书课题组、无异议后确定最终得分的评价流程，最大限度实现皮书评价的客观、公正、公平。

通过皮书的综合评价，让皮书课题组和编辑对皮书的内容质量和媒体报道情况都有了准确、科学、全面的认识，有助于发现皮书存在的不足，以在日后的皮书研创和编辑过程中有的放矢地进行改进，从而提升皮书质量。同时，皮书评价结果也成为皮书分级资助、皮书评奖和成果认定，以及皮书退出的重要参考指标，因此得到了皮书课题组的高度关注。

以2011年版皮书综合评价结果为例，在185种2011年版皮书中，排名前10名的皮书都具备皮书应有的形态和特性。从形态上，这10本皮书具有以下特点：第一，是在大规模的调查、实地调研的基础上，通过对大量数据的分析，总结出问题或者经验，并明确提出自己的观点和结论以及对策建议，是具有很强的实用性的资讯类产品；第二，必须是周期性出版的连续出版物；

第三，必须使用社会科学的研究方法（包括定量研究方法，通过建立模型、构建评价指标、统计调查等），以专家或学术的视角研究问题。从皮书的内容特性看，这10种皮书则具备了原创性、实证性、前沿性、时效性、权威性五大特点。此外，在媒体报道情况和社会影响力方面不仅获得了媒体的多形态、大篇幅、多角度报道，也得到了有关政府机构、国内外专家学者的高度关注。

表　2011年版皮书综合评价TOP10

序号	图书分类	丛书名	书名
1	社会政法	法治蓝皮书	《中国法治发展报告 No.9（2011）》
2	社会政法	社会蓝皮书	《2011年中国社会形势分析与预测》
3	国别与地区	世界经济黄皮书	《2011年世界经济形势分析与预测》
4	经济	城市竞争力蓝皮书	《中国城市竞争力报告 No.9》
5	行业	住房绿皮书	《中国住房发展报告（2010~2011）》
6	社会政法	社会心态蓝皮书	《2011年中国社会心态研究报告》
7	文化传媒	舆情蓝皮书	《中国社会舆情与危机管理报告（2011）》
8	经济	企业社会责任蓝皮书	《中国企业社会责任研究报告（2011）》
9	地方发展	社会建设蓝皮书	《2011年北京社会建设分析报告》
10	国别与地区	G20国家创新竞争力黄皮书	《二十国集团（G20）国家创新竞争力发展报告（2001~2010）》

2013年，社会科学文献出版社皮书评价研究中心一方面将对现有的评价指标体系进行更加科学的调整和简化，进一步完善评价流程，并实现对皮书评价的日常化，从而在内容质量和媒体报道两方面对皮书进行严格把关。

作为专业学术出版社，社会科学文献出版社已经建立了相对系统的管理体系和评价体系，包括《皮书主编工作条例》《皮书编辑出版工作条例》《皮书综合评价指标体系》《皮书评价办法》《皮书评奖办法》等。希望全国图书出版行业的研究报告类图书的作者和编辑怀着严谨的治学态度和对学术出版的敬畏之心，加强学术内容的自律，保证数据资料的真实准确，保证研究方法的科学合理，保证学术体例的完整规范，共同探索出不同于一般理论著作的研创、出版的规律和评价方法，从而推动我国学术出版以及人文社会科学学术的不断发展与创新。

皮书：如何运用好已有的社会认知
——从"定位"理论谈起

恽 薇[*]

摘 要："定位"理论是全球著名的商业战略思想，它的核心理念是：品牌定位不宜宽泛，应集中火力于狭窄的目标，直抵潜在客户心智。本文参照特劳特的"成功定位五部曲"，来检视一下作为近年来国内图书的一个重要品牌——皮书产品——是怎样为自己定位的；其成功的关键点在哪里；下一步皮书该如何运作，才能成为图书界的长青品牌。

关键词：传播过度 定位理论 潜在认知 皮书定位

我们生活在一个被媒体覆盖的世界，我们的大脑每天或主动或被动地接收着不同媒介传输的海量信息，其中包括各种产品的广告信息，但是，你是否发现，不论你接触到多少产品广告，例

---

[*] 恽薇，社会科学文献出版社经济与管理出版中心主任。

如洗发水、矿泉水、洗衣粉等，一旦走入超市，你依然会不自觉地走向潘婷、农夫山泉、奥妙等固定的几个品牌的专架。

哈佛大学心理学博士米勒研究发现，顾客心智中最多只能为每个品类留下7个品牌空间，而营销学大师杰克·特劳特先生发现，随着竞争的加剧，顾客最多只能给两个品牌留下心智空间。这是一个"选择暴力"的时代，企业生死存亡于没有硝烟、不见刀枪的品牌战场——品牌的消失意味着品牌背后企业的消失。如何让品牌进入潜在顾客的心智，并占据牢固的地位，这是企业在竞争中胜出的关键，也是企业得以生存的前提。为此，杰克·特劳特提出了其著名的"定位"理论。

按照"定位"理论，在传播过度的社会中，获得成功的唯一希望，是要有选择性，集中火力于狭窄的目标，要让品牌进入并占据潜在顾客的心智。定位理论经过40多年实践与发展，已经被公认为全球领先的商业战略思想。

在中国，加多宝和东阿阿胶是定位成功的典型代表。前者在2002年还是销售额只有1亿多元的广东地方性药饮，通过重新定位为"预防上火的饮料"，打开了全国发展之路。10多年来，加多宝每年都用定位理论系统梳理战略，及时化解品牌发展的战略隐患和挑战，2012年，加多宝成功化解改名危机，保持高速增长，销售额超过200亿元……

东阿阿胶自2006年梳理公司战略，将东阿阿胶由女性补血食材重新界定为滋补上品，与人参、虫草放在一起，定位成滋补三宝、滋补国宝。新战略实施以来，东阿阿胶公司的市值由2005年的22.1亿元增长到2010年的330多亿元，新的定位让一个老字号焕发出巨大的活力。

出版机构同样面临产品定位的问题。中国有大大小小出版机构近600家，还有上千家图书工作室，每年出版的图书近30万种。中国出版市场一度呈现鱼龙混杂、良莠不齐的乱象。然而，随着出版机构全面企业化、市场化，同时遭遇数字化压力的条件下，出版机构的生存环境开始呈现两极分化：那些没有品牌资源、缺乏声誉的机构将愈发举步维艰、难以生存；而在业界享有盛誉、拥有品牌产品的机构则将有机会大显身手、迅速壮大。打造自己的图书品牌已经成为有追求、谋发展的出版机构最重要的任务。

社会科学文献出版社作为一家创立不到30年的出版社，已经在业界和学术界获得了极大的关注与认可，这其中，肯定得益于出版社这些年推出的许多值得称道的图书产品，但不可否认的，真正将社会科学文献出版社推向公众视野并受到社会、业界广泛关注的图书品牌，无疑当属皮书。不过，目前，皮书面临着如何实现进一步跨越式提升，使社会影响力更大，让经济效益与社会效益匹配的问题。

参照已有定位、理想定位、能否坚持、是否与定位吻合、保持领先等特劳特的"成功定位五部曲"，让我们来看看，皮书产品取得了哪些成绩？下一步该如何运作，才能够让皮书实现进一步的发展。

一　中国社会科学院是皮书品牌最重要的潜在认知

定位需要逆向思维，不能从产品自身开始，而应从了解潜在顾客的心智开始，将自己的产品、服务和概念同潜在顾客心智中已有的认知相联系。

长久以来，中国社会科学院定位于中国哲学社会科学的最高学术机构和综合研究中心，担当创造性地开展理论探索和政策研究的任务，肩负着提高中国人文社会科学研究水平和理论创新的任务，这已经成为大众的普遍认知。尤其是，2012年1月，美国宾夕法尼亚大学智库和公民社会研究项目在联合国公布了2011年全球智库排名报告，根据该报告，中国社会科学院在亚洲智库中排名第1位，全球排名第28位。这进一步强化了大众对中国社会科学院作为权威学术研究机构和智库的认知。

社会科学文献出版社作为直属于中国社会科学院的出版单位，依托中国社会科学院的职能定位，策划皮书产品用于承接社会科学院的最新研究成果，并进一步打造成为发布中国哲学社会科学研究成果的权威平台，皮书系列产品不但为各级政府决策和学术研究提供参考，甚至在中国争取国际话语权方面也发挥了极大的作用，成为国内最具影响力的智库报告。

对于国内出版界而言，皮书无疑是一种全新的出版形态（这一点也符合定位理论强调品牌成为第一是进入心智的捷径），而皮书产品定位于智库报告，并能够日益被读者认可和推崇，其实与人们对社会科学院的认知相关联——作为中国社会科学院直属单位的社会科学文献出版社，推出皮书智库产品、发布智库信息，是与大众心智中的认知相关联的。

根据定位理论，在这个过度传播的社会，改变心智是项异常艰难的工作，而运用已有的认知则简单得多。社会科学文献出版社的皮书品牌之于中国社会科学院的智库报告，无疑是巧妙地运用潜在顾客已有的认知,将二者进行了关联,在现实中造就了皮书这个新鲜的图书品类。

二 皮书功能要直指"决策",影响决策,传递决策

定位理论指出,人们想要的太多,想占据的定位太宽泛,这样的定位很难在心智中建立。在传播过度的社会,要尽量简化信息,越简洁越好,要尽可能地让你的信息切入人的心智。

"满足所有人的需求"实则是个陷阱。一家名为 Rheingold 的啤酒公司为了抢占市场,制作了一系列广告,宣传意大利人喝 Rheingold 啤酒、黑人喝 Rheingold 啤酒、爱尔兰人喝 Rheingold 啤酒、犹太人喝 Rheingold 啤酒,结果是,看了这些广告,所有的人都不愿意喝这种啤酒了,其市场严重萎缩。

另一个我们熟悉的产品是沃尔沃汽车,它曾自诩是一种可靠、豪华、安全、开起来很好玩的车,但是,功能越多越好并不适用于定位,几个定位加起来并不比一个强。自从沃尔沃放弃豪华、速度,只强调安全以来,它的销量开始猛增。

我们不妨看看皮书产品的五大定位——决策参考、政策先声、投资指南、新闻来源、研究基础库。从一开始,皮书就定位于高端精英读者群,不论从产品设计(简洁庄重)、定价策略(高出一般图书定价30%)等方面,都考虑了相关读者群的需求和承受力。

如果进一步梳理这五大定位,可进一步归纳为——影响政策制定,预见政策走势的权威资讯。因为,不论是媒体、研究人员还是投资者,都必然关注国家政策层面的变化,将皮书的最终功

能与政府"决策"相关联,这样可以向潜在客户传递最有效最简洁的信息,直抵其心智。

三 在坚守中创新、夯实皮书品牌

定位需要积累,需要年复一年的坚持。成功的公司很少改变制胜之道。因为在心智中占据定位,就如同拥有价值连城的不动产,一旦放弃,就会永远拿不回来。企业不应该改变它的基本定位战略,能改变的只是它为实施长期战略采取的战术和短期行动。

经过20多年的积累,皮书产品已由最初寥寥几个品种发展到300多个品种,内容覆盖面越来越广,合作研创机构越来越多,社会影响力也越来越大。为了保障皮书内容品质,提升皮书品牌影响力,这些年,社会科学文献出版社在明确皮书作为高端智库报告的定位基础上,采取多种策略和方式巩固皮书品牌优势,扩大皮书影响力。

例如,建立了皮书准入制度,从选题价值、研发团队实力、后期推广宣传等方面严格把关,尽可能让最有实力的研发团队的研究成果进入皮书序列;成立皮书论证委员会,委员会成员既有出版社皮书评价研究中心的人员,也有外聘的专家、学者和资深媒体从业人员,皮书论证委员会根据皮书的定位和要求对每一个新皮书项目进行评价审核;编辑环节审核皮书的原创性和时效性,将非原创首发内容比例控制在最低限度内,强调采用最新的实证数据,提供最新的研究成果;完善皮书评价体系,使皮书研创团队在撰写报告时有准则,事后对皮书内容品质评分时有明确的依据……这些都是在坚守皮书定位的基础上，不断加强品牌质量控制的举措，同时，也是出版社掌握皮书评判话语权的重要保障。

四　根据定位按图索骥、有的放矢

按照定位理论，你所有的创意、广告都应该与定位相符，创意本身一文不值，只有为定位目标服务的创意才有意义。作为智库产品，皮书的研创成果必须通过特定场合发布，经由主流媒体广泛报道，才能彰显其价值。

一直以来，社会科学文献出版社都鼓励皮书课题组召开皮书发布会，自身也投入大量人力物力用于媒体发布。这样，既能将研创团队的研究成果传播出去，获得潜在顾客的关注和重视，同时，也赋予了该研究团队在相关领域的话语权，并不断强化皮书作为智库报告的定位。

每年夏秋之际，社会科学文献出版社还会组织皮书年会，召集所有皮书主编参加。为期2天的会程，为优秀皮书颁奖；主编分组讨论，分享编撰皮书的心得和经验；发现问题，提出解决方案和改进建议。至今，皮书年会已经举办了十多届，年会已经成为作者和出版社之间交流切磋、解决问题、联络感情的重要平台，通过这个平台，既凝聚了皮书研创队伍，也使得皮书品质得以不断提升。

此外，出版社在内部设立皮书评价研究中心负责皮书质量监控、品牌建设和维护，专设皮书市场经理负责宣传推广等等，这些均是服务于皮书定位展开的工作。

五 如何保持领先？

在确立了皮书的品牌领导地位之后，该如何保持这种优势呢？也许，这是社会科学文献出版社面临的最大挑战。

品牌的领导地位经由潜在顾客的标准确立，每个最先进入人们心智的产品都会被消费者看做是正宗货。而产品一旦被看做正宗货，就等于把所有其他品牌都定位成"仿效品"。这一点在皮书产品上非常明显。当下，除了社会科学文献社的皮书产品外，其他出版机构也会出版发布一些类似产品，然而，这些产品不论在社会影响力还是认知度方面，都很难与社会科学文献出版社的皮书产品相媲美。

品牌定位通常是由局外人的视角形成。皮书品牌走到今天，其成功很大程度上得益于不断按照局外人的客观心智来定位。皮书编撰作者、普通读者以及媒体、政府、企业等外围支持机构的认知——"心智"——构成了皮书今天的社会"标签"。

皮书发展到今天，形成的社会效益虽然很可观，但是，和经济效益并没有形成对应的地位。出版社如果能将组建皮书核心研究团队、合作创研以及课题外包等结合起来，不断向产品链上游延伸，深度参与皮书的设计、研创，也许会成为实现皮书经济效益较大增长的一条路径。

很显然，在皮书品种迅速扩张、数量不断增加的同时，如何保证每个皮书产品的品质都符合甚至超越已有客户心智的认知，让若干个子品牌形成对皮书这一整体品牌的有效支撑，也是维护皮书定位最重要的工作之一。因为，皮书规模增加的同时，也意味着对皮书品牌的维护工作必须做得更细、更扎实，否则，牵一发而动全身，一个环节的疏漏就可能引发整个皮书品牌的公关危机。

现今的世界，已愈发成为品牌化的社会，唯有拥有定位成功的品牌，企业才有可能生存下来。特劳特先生明确地告诉我们：在这个传播过度的社会里，当下游戏的名字叫定位，只有玩得好的人才能存活下去。

定位不是围绕产品进行的，而是围绕潜在顾客的心智进行的，人们更容易接受心智中已经存在的认知。对于社会科学文献出版社的皮书而言，关键在于进一步运用人们心智中已经存在的认知，去重组、加深已经存在的关联认知，争取让皮书品牌成长为一个以帕累托方式发展的百年长青品牌。

皮书的品牌化经营[*]

——以"品牌资产"理论为分析框架

吴 丹[**]

摘 要：品牌是近年来活跃于市场营销领域的概念。"皮书",是社会科学文献出版社的知名学术图书品牌。出版社是如何通过品牌化经营,使"皮书"形成独特的竞争优势的?笔者以美国品牌研究者戴维·阿克的"品牌资产"理论为分析框架,寻求这一问题的解答路径。本文指出:皮书的品牌化经营主要是通过扩大品牌知名度完成特定品牌意识的宣贯;通过建立丰富的品牌联想,充实品牌的内涵;通过完善的品牌服务,最终提升品牌忠诚度,实现"皮书"强势品牌的创建。

关键词：学术图书 品牌 皮书

---

[*] 本文以《学术类图书品牌的创建与维护——以社会科学文献出版社"皮书"为例》为题,拟刊发于《出版发行研究》2014年第9期;本书收录时略有修改。

[**] 吴丹,社会科学文献出版社皮书研究院副院长。

至2011年1月，包括地方出版社、高校出版社、中央各部门各单位出版社在内的全国所有经营性出版社已全部完成转企，成为市场主体。[①] 中国出版业从此进入一个崭新的时代。中国共产党十八届三中全会《决定》进一步提出："建立健全现代文化市场体系。完善文化市场准入和退出机制，鼓励各类市场主体公平竞争、优胜劣汰，促进文化资源在全国范围内流动。"[②] 在市场成为出版社等文化企业的主战场时，通过品牌的创建与维护来确立现代出版企业的核心竞争力已显得迫在眉睫。

社会科学文献出版社"皮书系列"起源于20世纪90年代末。经过20多年的培育，皮书作为智库产品，"已然成为人文社会科学专业工作者为现实服务的有效方式之一；成为人文社会科学专业工作者的话语工具；成为聚合并引导社会舆论的平台；成为国际国内社会各界快速、便捷地了解所关注对象的最佳窗口"[③]。"皮书系列"已成为社会科学文献出版社的著名图书品牌和中国社会科学院乃至中国哲学社会科学界的知名学术品牌。这一品牌的确立，离不开出版人的全局策划，离不开学者的辛勤耕耘，更离不开专业学术出版机构的现代化的品牌管理与品牌战略实施。本文以美国品牌研究者戴维·阿克的"品牌资产"理论为分析框架，结合社会科学文献出版社的"皮书系列"品牌实例，探析学术图书品牌的创建与维护。

---

① 《转企改制推动出版行业进入一个崭新时代》，和讯网，http：//news. hexun. com/2011 - 09 - 29/133860315. html。
② 《中国共产党十八届三中全会公报发布（全文）》，新华网，http：//news. xinhuanet. com/house/tj/2013 - 11 - 14/c_ 118121513. htm。
③ 引自社会科学文献出版社社长谢寿光对于皮书品牌价值的分析。

一 图书品牌意识的宣贯：扩大"皮书"品牌知名度

确立一个学术图书品牌，首先要做的就是扩大品牌知名度，从而培养作者及读者的品牌意识。宽泛地说，品牌意识指的是一个品牌在使用者心中的记忆强度。品牌意识是根据消费者对一个品牌的不同的记忆方式进行测量的，从再认（以前曾见过这一品牌吗）到回忆（这类产品你能记起哪些品牌），再到"第一回忆"（第一个回忆出的品牌），最后到支配（唯一回忆出的品牌）（见图1）。[①] 对于出版社来说，读者品牌意识由弱增强的过程就是出版社图书品牌确立的过程。就"皮书"品牌而言，自1997年起，社会科学文献出版社开始重视挖掘"皮书"的价值，并从"市场化""系列化"着手，对"皮书"进行品牌化运作。通过确立品牌形象、明确品牌定位，扩大了品牌的知名度，并在一定程度上实现了品牌意识在读者及作者心目中的首要地位。

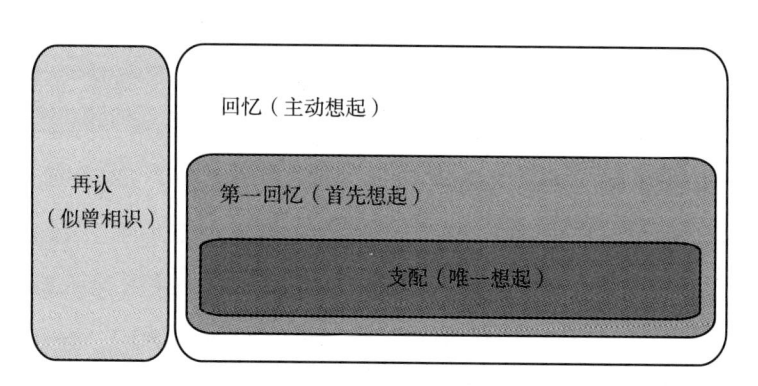

图1 品牌意识增强心理路线

[①] 〔美〕戴维·阿克：《创建强势品牌》，李兆丰译，机械工业出版社，2013，第7页。

（一）不断丰富"皮书"定义，确立品牌形象

2000年，社会科学文献出版社与辽宁省社会科学院、中共葫芦岛市委市政府共同主办了"首次全国皮书工作会议"。在这次会议上，"皮书"作为一个名称正式确立。"皮书"开始从出版社内部使用的工作词语上升为一个专门的概念，作为一种公共话语进入并影响社会。

2003年9月，"第四次皮书工作会议"在上海举行，并首次对"皮书"的定义进行了阐释。2004年8月，"第五次全国皮书工作会议"在哈尔滨举行，"皮书"定义得到了进一步完善。2005年8月，"第六次全国皮书工作会议"在郑州召开，"皮书"的定义有了较为完整的表述："皮书"是一种以年度为时间单元，关于某一门类、地域或领域的社会科学资讯类连续出版物。[1]

2014年，"第十五次皮书工作会议"将在贵州召开，参加会议的皮书课题组由20多个已经发展到300多个，皮书的主编单位也超过了300家，皮书年会的影响力越来越大。"皮书"定义的内涵也越来越丰富："'皮书'是对中国与世界发展状况和热点问题进行年度监测，以专业的角度、学术的视野和实证的研究方法，针对某一区域或领域的现状与发展态势展开分析和预测，具备权威性、前沿性、原创性、实证性、时效性等特点的连续性公开出版物，由一系列权威研究报告组成。"[2]

---

[1] 谢曙光主编《皮书研究：理论与实践》，社会科学文献出版社，2011，第217~219页。
[2] 《2014版皮书手册：研创·编辑·出版·评价》，社会科学文献出版社内部印刷物。

伴随"皮书"品牌名称的正式确定、"皮书"内涵的不断丰富,"皮书"的品牌形象越来越明晰,"皮书"的知名度从出版界跨越到学术界,从学术领域跨越到传媒领域,从专业话语跨越到大众话语,逐步实现了"品牌意识"的最大化。

(二)权威、前沿、原创:明确品牌定位

自品牌诞生之日起,"品牌定位"就成为一个摆在决策者面前的最核心的问题。"皮书"的品牌定位与"皮书"的产品特质不可分割。

在信息多元的现代社会,信息的筛选、提炼、传播,对每一个社会中的个体而言,都显得尤为重要。作为资讯类产品,"皮书"品牌最重要的定位之一就是:"提供权威资讯"。"皮书系列"的作者多为国内一流机构的顶尖学者,他们的研究与观点体现和反映了对中国与世界的现实和未来最高水平的解读与分析。于是,"权威"成为皮书的重要品质。

一种学术图书的品牌,可以定位于对人类、社会本质的探讨,可以定位于对人文的关怀,也可以定位于对知识本源的追溯。就"皮书"而言,作为年度报告类产品,有一个关键的目标就是"关注当下,预测未来"。"皮书系列"的研究多为经世致用之学,要侧重于对某一领域现状的分析及未来趋势的探讨,于是,"前沿"成为皮书的重要品质。

人文社会科学领域的研究成果浩瀚无垠,基于原有研究成果的解读、说明,乃至解释链条的延伸是人文社会科学工作者的重要价值,但这并不符合"皮书"的定位。"皮书"作为每年新版的持续性研究成果,主要采用实证性的研究方法,发表原创性的

结论与观点。每本皮书乃至皮书的报告要求原创、首发，保证了"皮书"持续发展的不竭动力，于是，"原创"成为皮书的重要品质。

有了"权威、前沿、原创"的产品定位，通过与研创单位的合作，与各界媒体的对接，把清晰的产品定位不断传递给作者、读者，社会科学文献出版社不仅有效扩大了品牌的知名度，更实现了"皮书"这一品牌在年度研究报告领域的专属地位。

二 树立专属的"品牌联想"：不止"皮书"

正如戴维·阿克在《创建强势品牌》第一章中所指出的，品牌建设成功的关键是要"开发并完善品牌形象"[①]，而"品牌联想"正是由"组织希望品牌在消费者心目中的品牌形象所驱动的"，能否建立一个有影响力的学术图书品牌，很大程度上取决于能否创建一系列与品质相关的"品牌联想"。以"皮书"为例，多年来，"皮书"品牌通过大量战略性推广方案的实施，已经跳出了单纯的"图书"影响力，树立了多重"品牌联想"：公共舆论的引导者、研究平台的构建者、学术活动的组织者、行业未来的预测者等（见图2）。

（一）公共舆论的引导者

人文社会科学学者针对大众关注的社会热点事件"发声"，提供专业的学术视角，是其走出"象牙塔"、服务现实、广接地

---

① 〔美〕戴维·阿克：《创建强势品牌》，李兆丰译，机械工业出版社，2013，第18页。

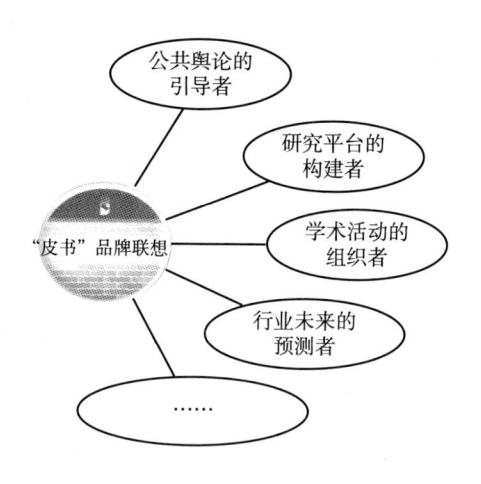

图 2 "皮书"品牌联想

气的有效方式。就皮书而言，图书出版后，通过发布会的召开，对皮书的原创内容进行二次开发、推广，用新闻稿的形式，以"专业话语"影响"大众话语"，实现对公众舆论的引导，既能体现学者科研的价值，又能展示其工作平台的智库功能。

媒体影响力是评价"皮书"品质的重要指标之一。社会科学文献出版社建立了原创的媒体影响力评价指标体系，从皮书的传统媒体曝光率、纸媒深度报道率、网页检索量、视频检索量、微博检索量、引用率等多方面考察皮书的影响力。这一即时掌握皮书舆情动态的舆情监测系统，为扩大皮书影响力提供了量化的分析依据。

（二）研究平台的构建者

伴随着知识积累、更新的加速，现代学术研究越来越需要突破个人封闭式研究的藩篱，组建团体式的研究集体。然而，目前人文社会科学研究领域仍然存在科研资源、成果相对封闭，学科交叉研究政策不完善，难以组建稳定的持续研究队伍等问题。针对这些问题，社会科学文献出版社皮书的研创模式给出了一个科研平台构建的新答案。作为年度性的研究报告，皮书的研创团队要求涵盖本研究领域的一流学者、权威机构，客观上为同一研究领域的融合提供了契机。

从出版社的角度来说，鼓励、协助皮书研创团队创新研究思路，整合研究队伍，促进学科的交叉、资源的共享，既是提升学术产品质量的根本保障，又为"皮书"品牌得以持续发展提供了不竭的动力。

（三）学术活动的组织者

学术类出版社天然负有"促进学术交流""推动学术传承"的使命。出版社的这一使命在"皮书系列"图书的宣传、推广活动中得以彰显。"皮书发布会"是由出版社与皮书研创者合办的重要学术活动。发布会不仅是研创团队向公众发布研究成果的平台，往往也会邀请业界一流的学者、重要的参与方加入学术讨论，就重要的学术议题进行多方的"脑力风暴"，碰撞出更多的思想火花。

"皮书年会"是社会科学文献出版社打造的"品牌学术年会"之一，到 2014 年，已经是第十五次会议了。每年年会时，来自不同专业、不同学科、不同单位的皮书研创者共同参加关于皮书研创某一主题的研讨。通过大会主论坛、主题分论坛的形式，与会者在讨论中获得信息、交流经验，既可以分享学术平台构建中科学管理的经验，又可以针对具体的学术融合问题进行跨学科的碰撞。社会科学文献出版社通过打造"皮书"这一学术品牌，把不同领域的学者吸引到一起，在合作与交流中促进了学术的融合，创造了多方共赢的未来。

三 培育品牌忠诚度："皮书"品牌常青

品牌只有具备创造忠诚消费群的潜力时才有价值。[①] 尤其对于连续性出版物来说，培养读者的忠诚度变得越来越重要，甚至具有决定性作用。社会科学文献出版社自1997年实施品牌管理战略以来，正是通过连续多年的读者忠诚度的培养，才创建出"皮书系列"独特的品牌"识别度"。读者忠诚度的培养与品牌形象的确立，同样无法一蹴而就，也同样可以总结出一些有效的方法。就"皮书"而言，提升质量管理、丰富用户体验、加强渠道建设，多管齐下是社会科学文献出版社多年来品牌运作的核心。

（一）内容为王，提升图书质量管理

毋庸置疑，图书的质量是影响读者选择的最重要因素。为保证"皮书"的质量，社会科学文献出版社建立了严格的皮书准入与退出机制。颁布《皮书主编工作条例》，要求主编把握正确的政治方向和学术导向，严格遵守学术规范，保证数据和信息的准确度和真实性，以科学的研究方法和严谨的治学态度深入开展调查研究，提供科学、严谨、前沿的人文社会科学成果。出台《皮书编辑出版工作条例》，实行皮书责任编辑认证

---

① 〔美〕戴维·阿克：《创建强势品牌》，李兆丰译，机械工业出版社，2013，第16页。

制度，取得皮书责任编辑资格的编辑每年必须参加由出版社组织的年审。皮书责任编辑实行专业审稿制度，杜绝跨学科编稿。

在制度保障的同时，纳入技术检测系统。社会科学文献出版社引进专业学术论文检测软件，并设立专人专岗对所有皮书进行内容重复率的检测，要求皮书报告的内容重复率[①]不得超过15%，大大提高了对皮书内容原创性的要求。

（二）丰富体验，实现阅读的多元化

面对汹涌的数字化的浪潮，图书要靠什么来丰富读者的阅读体验？唯有数字化。除了纸质图书外，皮书读者可获赠皮书数据库的阅读卡，可免费申请加入"皮书读者俱乐部"，可登录中国皮书网了解皮书相关资讯。皮书数据库和中国皮书网是社会科学文献出版社基于"皮书系列"品牌开发的重要数字产品。

皮书数据库立足于打造"核心智库成果发布平台"，以篇章为基本单位对纸质皮书进行内容拆分，并运用中图分类法、教育部学科分类、国民经济行业分类、国家行政区划代码等分类标准，对内容资源进行编辑加工、知识标引及关联，可为用户提供更加个性化、多元化的定制服务。中国皮书网依托"皮书系列"的优质内容资源，通过文字、图片、音频、视频等多种形式，在皮书读者、作者、出版方之间搭建了一个成果展示、资源共享的互动平台。皮书数据库第三期与中国皮书网实现了入口统一、同

[①] 皮书内容重复率是指皮书报告正文中引用政府公文、媒体报道、他人论文、著作，作者本人已发表或部分发表报告的字数占该报告总字数的百分比。皮书内容重复率合格标准为，整本皮书和单篇报告内容重复率均不超过15%。

时登录，读者可通过 PC 终端、手机终端实现在线阅读、下载阅读。

（三）渠道建设，维护忠诚的目标群体

要培养对图书品牌忠诚的目标群体，实现图书的品牌化战略，渠道建设不可不提。学术图书的使用者大多来自研究机构，而使用学术图书的终端读者获得图书的渠道包括：图书馆或研究机构的资料室、当当网等电商、连锁书店（新华书店系统）、民营书店（含机场）、政府（企业、学校等）团购、书展（书友会）。只有根据图书定位，找准渠道，维护渠道，才能实现图书品牌价值的最大化。

社会科学文献出版社把"皮书系列"按照不同的发行渠道划分为门店类、专业类、定制类三大类。门店类皮书主要选择电商（当当、卓越、京东三大网店）、书店零售的渠道，出版社发布大量品牌广告配合门店、电商销售，实现最大限度的品牌传播；专业类皮书主要依靠馆配的销售渠道（见表1），通过加强与馆配商、图书馆的沟通、交流，建立持续、长久的品牌战略合作关系；定制类皮书通常由于研究领域、地域狭窄，主要通过作者的项目团购，实现直接对接终端读者。

表1 不同图书发行渠道对比

大众图书发行渠道		学术图书发行渠道	
独立书店	35%	新华书店零售	12%
连锁书店	15%	民营书店零售	7%
网络书店（当当等）	32%	电商（当当等）	18%
会议售书	2%	学术会议的会议售书等	1%

续表

大众图书发行渠道		学术图书发行渠道	
大超市	2%	书展、书友会	1%
书展、书友会	2%	馆配	60%
特色板块(馆配、项目团购、海外)	9%	线上出版及电子书	1%
线上出版及电子书	3%	大超市	0

说明：大众图书发行渠道比例为台湾著名出版人、城邦集团创始人苏拾平估计值。学术图书发行渠道比例参照社会科学文献出版社专业类皮书发行渠道比例估计。

值得一提的是，学术会议售书虽然占比不大，但由于其可以直接把图书展示给与会学者（大多是该研究领域的目标读者），这一渠道的开发、维护，对于提升图书品牌在学界的影响力有着其他渠道不具备的优势，不可轻视。

参考文献

谢曙光主编《皮书研究：理论与实践》，社会科学文献出版社，2011。

〔美〕戴维·阿克：《创建强势品牌》，李兆丰译，机械工业出版社，2013。

〔美〕戴维·阿克：《品牌领导》，耿帅译，机械工业出版社，2013。

〔美〕戴维·阿克：《管理品牌资产》，吴进操、常小虹译，机械工业出版社，2013。

孙继芬：《社科文献社：树立高端学术图书出版品牌旗帜》，《出版参考》2005年第12S期。

刘辉、黄道见：《出版物市场细分与创立出版品牌》，《编辑之友》2005年第2期。

童晓彦、杨晓：《中国图书出版业品牌化运作的理想模式》，《编辑之友》2004年第2期。

蒋鸿雁：《图书策划与出版品牌》，《中国编辑》2007年第5期。

中国皮书国际化：发展逻辑与未来策略

史晓琳[*]

摘　要：皮书作为一种出版产品在中国盛行，成为特有的中国皮书现象。借助中国在全球化中的重要地位，皮书内容为国际社会所需要。在这一历史机遇下，中国皮书实现了被动需求到主动推广的转型。然而，这一过程难免存在缺陷。规避缺陷、精细发展成为皮书国际化的未来方向。笔者为此提出几条建议。

关键词：中国皮书　国际化　精细发展

《辞海》中并没有直接的"皮书"概念，有的是对各种颜色皮书的解释，是指"国家或专门机构正式发布的重要文件或报告书"。各种颜色的皮书以其封面颜色而得名，选用白色的国家有美国、葡萄牙、日本等，称为白皮书。也有其他颜色的皮书，

---

[*] 史晓琳，社会科学文献出版社皮书研究院副院长。

如意大利曾用过绿皮书，英国议会曾用过蓝皮书，法国曾用过黄皮书，西班牙曾用过红皮书等。颜色皮书以书或文章成册，作一种官方文件，代表政府立场，讲究的是事实清楚、立场明确、行文规范、文字简练，没有文学色彩。实际上，一个国家往往使用多种颜色封面的文件，如美国联邦储备委员会每年发布8次的美国经济展望调查报告即采用褐色，称为褐皮书。中国政府也曾发布过国防白皮书、人权白皮书和外交白皮书。

然而，笔者所述并非政府报告意义上的颜色皮书，而是一种新生的出版产品形态，是日前风靡中国出版业界的公开发行的图书，是出版学意义上的一个概念，是"一种以年度为时间单元，关于某一门类、地域或领域的人文社会科学资讯类连续出版物"，并将与之相关的一系列新生事物称为"中国皮书现象"。

一 中国皮书现象

在中国，"皮书"概念已经远远超越了原有的政府报告范畴。这源于1990年的"蓝皮书"，即刘国光、李京文等人运用经济模型对中国经济形势进行分析与预测所形成的研究成果用蓝色封面装订成册，在内部传阅。1991年，"经济蓝皮书"开始公开出版发行，将"皮书"概念引入出版领域，丰富了皮书的内涵，扩大了其外延。这是一次质的飞跃。皮书在出版领域的迅速扩张与崛起起始于1997年由社会科学文献出版社（SSAP）开启的皮书市场化运作。

之后，中国皮书开始滚雪球式发展，作者、编辑、产品、读者、出版社、市场等几个方面形成合力，相互促进，使皮书获得全方位发展。皮书吸引了一大批对中国经济社会发展有抱负、有想法、有热情、有能力的作者投入皮书的内容创作，为皮书家族带来丰富的内容资源。并且随着作者的相互启发与切磋，皮书内容的视角与切入点不断拓展，研究领域不断细化，社会生活的各个方面成为研究对象，内容涉及经济、社会、文化、金融、法制、医疗、房地产、旅游、人才、教育、行业、地区、国别等，皮书产品不断丰富，已经形成了 300 多种皮书的规模。从类型上看，除了"蓝皮书"，还包括侧重于国际问题研究的"黄皮书"和专注于可持续问题研究的"绿皮书"。随着内容和产品的丰富，读者获得的服务更具多样性，能够体验更为深刻的研究成果。所有的这些使得皮书市场十分活跃，为"皮书"品牌的树立提供了良好的环境。出版社的工作贯穿于皮书产品生产的全过程，从选题的策划、准入以及与作者的探讨、修改到编辑加工、印制发行和市场推广，每一个环节都需要细致安排。

此外，与皮书相关的一系衍生产品和工具被开发出来。SSAP 开发的皮书网成为作者、编辑、读者交流信息的平台，成为社会各界了解皮书的重要渠道，成为皮书作者研究成果的展台。而皮书数据库将皮书内容与新生的数字出版形态相结合，使内容得到更广泛的传播，并实现内容的分割面市，为市场提供细分产品，使读者各取所需，获得最优的阅读满足感，使作者的研究成果直达目标读者，从而促使作者与读者进行更深入、更广泛的交流，最终赋予皮书新的可持续的发展活力。

如今，在中国，"皮书"已经走下"神坛"，成为全社会层面的热门词汇。皮书及其连带的内容、观点、学者、人文正深入人心，在中国随处可见其踪迹：顶级新闻媒体的时时发布，政府部门的资政参阅，研究人员的研读借鉴，企业领袖的决策参考，投资者的资讯追踪，普通大众的街谈巷议。"皮书"正成为一个平台：一个广大对中国经济社会有着深刻理解的理论工作者展示其观点的舞台，一个广大对中国现状有着热切渴望的读者获取信息的资讯台，一个中国学术与社会发展实践相结合的会所。这一平台所具有的凝聚力正在形成一种无形的力量，吸引着社会各界关注中国的发展，参与中国的发展。

然而，皮书的发展远不止于此，它们已经跨出国门，受到世界关注，所披露的观点信息已经成为国外媒体不可或缺的新闻热点。皮书的影响正在世界范围内扩散。

二 皮书的国际需求

改革开放以来，中国背负十多亿人口，踏着中国特色社会主义发展道路，在政治体制改革、经济发展和社会建设等方面取得了卓越成绩，面对多次区域金融危机，经济保持稳定增长，货币币值保持坚挺，再加上政治稳定、社会安定，吸引着一批又一批的国外投资者到中国投资，参与中国发展。另一方面，中国企业的快速发展导致其扩张范围增大，海外投资增加。在这种进进出出的交往中，中国与世界的联系日趋密切。外国政府和投资者已经意识到，中国已经成为世界经济发展中不可或缺的一环，其对世界经济发展的影响越来越大。从某种意义上说，不了解中国，就不会了解世界。因此，不论与中国有无直接的经济贸易往来，他们都迫切需要了解中国的各个方面。

皮书为世界了解中国提供了一个窗口。从作者队伍来看，均为国内相关领域领先的专家学者，其研究成果具有相当水准，能够代表领域内前沿水平，增强了内容的可靠性和可信度。从内容上看，皮书有对当今中国经济、社会、政治、文化、法治等各方面现状的详细阐述，也有针对现状提供的对策建议。这为读者提供了各种内容盛宴。读者既可以了解真实的中国，又可以先行了解中国未来可能的走向。从出版时间或周期来看，连续出版使得读者既可以追溯历史，又可以把握现在。因此，皮书正受到越来越多的外国人的关注。

例如，国际系列皮书受到世界各国的普遍关注。他们认为皮书内容多来自政府智库，研究项目受到政府支持，皮书中披露的观点多多少少反映了政府的一些想法。因此，他们十分看重皮书披露的信息。例如，SSAP 发布第一本"印度蓝皮书"《印度国情报告（2011~2012）》后，印度著名媒体 THE HINDU 对"印度蓝皮书"的主要观点作了报导。书中对印度存在的问题、发展的困境、军事以及未来的国际地位所做的判断引起当地学者和社会公众的热烈讨论。

三 从被动需求到主动推广

皮书强大的内容正吸引着国际范围内的读者，这使得其需求范围增加。需求范围的增加无疑将提升皮书作为一种文化消费品的价值和影响力。然而，这种增加的需求范围是虚拟的，增加的需求是无法被满足的。因为，对于多数国外读者来说，一方面，由于信息收集和获取渠道限制，他们很难在第一时间便捷地购买到需要的皮书产品；另一方面，由于语言障碍，皮书在很大程度上是一种半成品，他们无法读取。因此，在皮书成为真实的、可供国外读者消费的产品之前，需求增加、品质提升都是枉然。这就对皮书出版者或供给者提出问题、挑战，或称为机遇。面对问题，皮书出版者必须做出选择：一种选择是，按照当前供给模式，产品推广范围限于中国境内，推广对象限于中国读者；另一种选择是，突破当前供给模式，将皮书推出中国国门。这又有两种不同的推出方式：一种是直接的产品输出（即出口），另一种是对产品内容进行深度挖掘，转换语言，生产能够直达国外读者的衍生产品（即外语皮书）（见图）。美国福特汉姆大学的 Carl F. Minzner（2009）在《中国国际评论》（China Review International）发表观点指出：SSAP 出版的皮书由中国优秀学者精心研究完成，他们对一些严峻的问题作了卓越、有力地分析，将其翻译出版，将为非中文读者提供一个比较中外学者研究成果的工具和渠道。

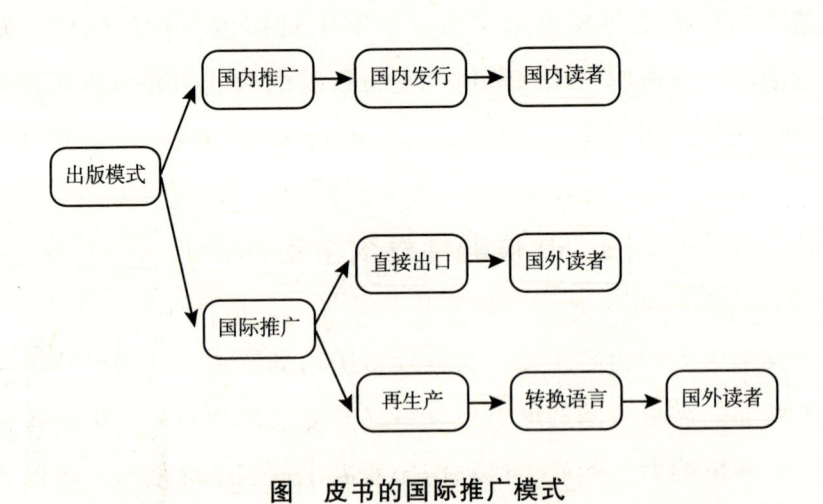

图　皮书的国际推广模式

为了扩大皮书的影响力，提升其价值，需要实现从被动需求到主动推广的转型。所幸的是，SSAP 已经充分意识到皮书国际推广的价值，开始试水和推行皮书的国际化模式。受到出口审批的限制，SSAP首先进行的是再生产的国际推广模式，即与国外出版机构合作，将皮书内容进行语言转换，由国外出版机构出版发行的模式。2006年，SSAP开始与拥有300多年历史的荷兰知名学术出版机构Brill洽谈合作出版皮书事宜，开启了中国皮书国际化的大门。目前，"环境绿皮书"、"经济蓝皮书"、"社会蓝皮书"、"法治蓝皮书"、"人口与劳动绿皮书"等在国内拥有极高知名度和影响力的皮书的英文版已经在全世界发行，并且被剑桥大学、牛津大学、阿姆斯特丹大学、莱顿大学等机构的图书馆收藏或订购。随后，这种合作模式被多次复制。SSAP就皮书内容与英国、芬兰、俄罗斯、日本、韩国等国的出版机构展开广泛合作，实现了皮书以多种语言在全世界范围内推广发行。由于以这种模式推广的皮书可以被国外读者直接阅读和接受，因而国外受众广泛，将成为皮书国际化的主要方式。

同时，SSAP并没有放弃中文图书的直接出口模式，因为这种模式可以省去许多中间环节，实现皮书内容的全世界同步发行，有效保持皮书的时效性。如今，SSAP已经获得了图书的出口权。不久的未来，随着这种模式的细化和成熟运行，必将与再生产推广模式形成合力，共同促进中国皮书的国际推广以及国际影响力的提升。

四 皮书国际化发展中存在的缺陷

目前，中国皮书国际化已经实现了突破式发展，在国际图书市场已经占有一席之地，皮书国际化的数量和规模正在扩大，国际影响正在形成，并不断增强。然而，国际经济形势恶化，科技发展引发的新的出版形态对传统学术出版带来挑战，学术出版更是出现泛而不精、自毁前程的苗头，这些给皮书国际化的进一步发展带来挑战。如果不加以应对与防范，这些因素将成为中国皮书国际化发展的障碍。除此之外，皮书自身发展过程中存在的一些问题如果不加以克服，也会影响皮书国际化进程。

（一）某些皮书内容不精

皮书巨大的凝聚、传播能力以及品牌效应，确实吸引了大批的创作团队投入皮书创作，皮书内容十分丰富。然而，在众多的皮书种类中，有些皮书的内容粗糙，仓促上马，破坏了皮书的品质。究其原因，大约为：①某些作者未对研究对象进行深入调研，未对内容进行精雕细琢，源内容不精；②某些评审人员未对内容进行严格评议，把关不严；③某些编辑人员未对内容进行精细编辑；④沟通制约机制不畅，评审人员提出的评审意见是否很好落实缺乏严格的监控机制，编辑人员提出的问题作者不予采纳，作者反馈的信息不被很好地理解与贯彻等。

皮书内容品质的保障是一个系统的工作，从皮书创作到出版发行，任何一个环节出现问题，都将损害皮书的品质，从而最终影响皮书的整体形象。

（二）转换过程存在时滞

虽然再生产，转换语言的国际推广模式能够直接被读者接受，但是再生产需要一个过程：作者对内容的重新挖掘整理，以使其符合国际推广的要求；翻译人员将中文内容翻译为外文；审校人员对翻译书稿进行审校，使其符合国外读者的阅读习惯；合作出版机构将合格内容印制发行。为了保证翻译质量，时间是必需的。这必然会使内容的发表存在时滞，影响时效性，从而减少皮书的国际发行量，降低其国际影响力。

（三）国际馆配能力欠缺

中国皮书的国外读者一般为研究、关注中国的科研人员、企业高管和政府官员，这些人员多为当地精英人士。他们获取学术研究类图书信息的渠道多为高校、科研院所、政府设立的图书馆。为了使这些皮书目标读者获得更多的皮书信息，馆配是一种最好的方式。然而，目前的实际情况是，皮书的国际馆配能力还较弱，无法使皮书最大限度地呈现在目标读者面前。

五 皮书国际化精细发展策略

中国皮书被国际社会所需要，已经迈出从被动需求到主动推广的关键步骤，皮书已经实现突破，走向了国际。然而，最初，这种国际化模式是粗放的。为了进一步提升皮书品质，扩大其国际影响，就必须调整国际化发展思路，实现由粗放到精细的发展模式转型，应着重于以下几方面的工作。

（一）提高准入门槛，加强监控，淘汰落后

皮书准入是控制皮书内容品质的首道屏障，是否严格直接影响皮书的质量。应充分发挥皮书评审专家的专业素质，分类审议皮书研创团队的权威性和专业胜任度、内容的原创性和前沿性、

框架设计的科学性和合理性、研究的可持续性，并提出专业的评审意见，对于不符合规范或可持续性差的选题不予入选皮书，从而创造皮书的特许权价值，实现皮书品质的源头保障。

对于获准进入的皮书，应加强后续监控，检查其是否落实评审专家提出的合理化建议，是否优化了内容框架，编辑人员是否履行了专业职责，作者是否对编辑的意见做出了反馈。如有必要，可进行印前专家评议，对于未能很好完成上述工作的皮书责令修改，拒不修改的不予印制发行。

定期对皮书进行评价，并建立淘汰机制，对于品质拙劣、市场反响差的皮书提出整改意见，整改完成后进行匿名评审，评审合格后允许重新进入皮书系列，评审不合格者予以淘汰。

（二）准确选择需要优先国际化的皮书

应该明确一点，皮书的国际化并非皮书整体的同步国际化。有些内容是国际社会需要的，有些是中国希望国际社会了解的，有些内容的国际化在当前看来是不必要的、无效的。显然，应该首先推广前两种皮书。这就要求皮书的国际推广编辑准确把握哪些内容是国际社会迫切需要的，哪些内容中国希望国际社会了解的，并将这些皮书推荐给国外合作出版机构，集中力量做好这两类图书的国际化工作。然后，再根据市场的变化，实现第三种皮书的国际化。

（三）即时策划，即时翻译

皮书内容的资讯性特征是其优点，同时是其国际化的软肋。时效性是阻碍皮书国际化的一个重要因素。解决这个问题的最佳方式是在对皮书中文内容进行评审时，即进行国际化的选题论证，与国外合作伙伴洽谈合作事宜，由作者对内容进行修改调整，形成国外需要的中文内容，之后即进入翻译和审校程序。这样，即使不能与中文内容同步出版，也可大大缩短其滞后时长。

（四）优化升级皮书数据库，强化数字出版

由于其便捷、易传播，数字出版将成为未来中国出版产品的主要形态。在出版业发达的国家，这已经成为现实，纸质印刷仅以按需印制形式存在。可以想见，皮书的国际化必将以数字出版物为主。因此，应深度开发皮书数据库，实现英文内容的植入，设计出更加有助于读者阅读和购买的产品形态。

当皮书实现数字化出版后，中英文皮书将能够直接销售给国外读者，只需借助于国外合作出版机构的销售网络实现销售的最大化即可，极大地减少中间环节，降低物资成本和时间成本，提升皮书内容的时效性。

（五）整合两种国际推广模式

前文所述两种模式是目前较为可行的皮书国际推广方式，各有优劣。如果能够整合两种模式，优势互补，将有可能创造出中国皮书国际化的最优模式。例如，中文皮书的直接出口将保持皮书时效性，引起国际社会对皮书的普遍关注，使国外读者体验到皮书的巨大价值，从而引致外文版皮书的国际出版。而再生产将使最大范围的国外读者享受到皮书带来的资讯，又可以进一步找到潜在的中文皮书的国外读者，从而带动中文皮书的直接出口。两种国际推广模式的整合将成为中国皮书国际化的未来模式。

中国国际地位的持续提升是中国皮书国际化的根本动因，越来越多的皮书研创团队是皮书内容持续提供的原动力，专业化的皮书评审和编辑力量是皮书内容质量的根本保障，翻译和审校人员是皮书再生产国际化的主力军，皮书出版机构的宣传推广是皮书影响力提升的重要推手。这是皮书国际化深度发展的环境和动力，其协同作为是克服中国皮书国际化中存在的缺陷、实现未来有序发展的源泉。

参考文献

Carl F. Minzner, "Book Review of the 'China Legal Development Yearbook', Volumes 1 and 2, by Brill and China, Academy of Social Sciences Press", *China Review International*, Vol. 16, No. 4, 2009.

谢曙光主编《皮书研究：理论与实践》，社会科学文献出版社，2011。

中国皮书网，http://www.pishu.cn/web/c_00000006/。

中国网，《社科文献出版社与荷兰 Brill 出版公司：中国皮书走向世界》，2007 年 9 月 6 日，http://www.china.com.cn/fangtan/zhuanti/zgcbr/2007-09/06/content_8827340.htm。

新版皮书数据库：皮书系列数字出版的整装再出发

胡 涛[*]

摘 要：本文在回顾皮书系列数字出版工作发展概况的基础上，对新版皮书数据库进行全面系统地描述和推介。新版皮书数据库以"皮书研创出版、信息发布与知识服务平台"为基本功能定位，围绕建设皮书品牌综合门户平台、完善皮书数据库产品建设思路、优化数据库产品学术质量、提升使用功能和阅读体验这四个方面，对皮书数据库进行全面升级。最后，对皮书系列数字出版未来的工作重点进行展望。

关键词：皮书系列 皮书数据库 数字出版

以1996年11月出版的经济蓝皮书——《一九九七年中国：

---

[*] 胡涛，副编审，社会科学文献出版社数字资源运营中心主任。

经济形势分析与预测》为起点，社会科学文献出版社出版的皮书系列图书至今已走过近 20 个年头。皮书系列聚合了一大批一流研究机构、权威专家学者的研究力量，围绕中国发展与中国经验、世界经济与国际关系这一主题，深度分析解读当今中国与世界经济社会发展现状与未来趋势。皮书系列目前已涵盖经济、社会、区域、行业、国际、文化传媒 6 大领域，年出版近 300 个品种，不断走向深入的学术质量建设、规模发展和品牌建设，使其成为了解当今中国的重要窗口和中国人文社会科学领域的知名图书品牌。

与皮书系列图书出版相伴相随的，是皮书系列的数字出版工作。借力信息技术的发展，为更好地满足数字化时代的阅读需求，皮书系列首次出版 7 年后的 2003 年 12 月，从《经济蓝皮书》开始，每本皮书均随书附赠一张电子光盘。这张光盘完整收录该本皮书的全部内容并有全文检索功能，而且可以自动累加其他光盘的内容，所以既是电子书，又是数据库，这是当时最流行也是最先进的数字出版方式。由此，皮书系列的数字出版之路正式开启。2005 年 12 月，中国皮书网正式上线运行，标志着皮书系列门户网站建设工作正式起步。

推出电子光盘之后，社会科学文献出版社又开始尝试皮书系列的专业数据库建设工作。2007 年 7 月，皮书数据库（个人用户版）建成并发布。2009 年 5 月，在第五届中国（深圳）国际文化产业博览会上，皮书数据库（机构用户版）正式发布。2009 年 12 月，每本皮书随书附赠的产品从电子光盘变成皮书数据库的阅读卡。2011 年 3 月，全面整合个人用户版和机构用户版的皮书数据库（二期）正式上线，并在产品建设、技术平台建设方面加以完善。不断升级完善的皮书数据库，在 2013 年荣获"第三届中国出版政府奖·网络出版物"提名奖，可谓皮书系列数字出版工作取得成就的一个重要佐证，也标志着皮书系列的数字出版工作进入一个新阶段。而中国皮书网，也分别在 2009 年、2012 年进行了升级改版工作，并在全国出版业网站评选中多次荣获"最具商业价值网站""出版业网站百强"等奖项。

2014 年 5 月，将中国皮书网与皮书数据库合二为一的新版皮书数据库正式上线运行，诚可谓皮书系列数字出版工作的整装再出发。为了开启这一新的征途，以社会科学文献出版社数字资源运营中心为主体的运营团队，坚持"皮书研创出版、信息发布与知识服务平台"的基本功能定位，紧扣皮书品牌建设，围绕建设门户网站、完善数据库平台、优化学术质量、提升功能体验等方面开展工作，旨在将新版皮书数据库打造成解读当代中国与世界发展的智库产品和知识服务平台。

一 建设皮书品牌综合门户平台

新版皮书数据库在全面升级完善原中国皮书网、皮书数据库的基础上，改变两者分头建设、各自发展的状况，以"皮书研创出版、信息发布与知识服务平台"为基本功能定位，旨在打造一个全新的皮书品牌综合门户平台。

新版皮书数据库的网站首页页面，主要围绕皮书系列的出版工作流程来设计，可分为两个大的版块。

（1）新闻资讯版块。主要栏目有：新闻资讯（通知公告、新闻动态、媒体聚焦、网站专题）；皮书资讯（最新皮书、最新报告、视频直播）。

(2) 皮书出版全流程。从对于皮书品牌的认知开始，串起皮书的传统出版、数字出版、国际出版和品牌研究。主要栏目有：关于皮书、皮书研创（皮书规范、皮书选题、皮书出版、皮书研究、研创团队）、皮书发布、皮书评奖评价、皮书走出去，以及皮书数据库（知识分类、热门子库、热点专题、定制服务）。

考虑到皮书数据库以往用户的使用习惯以及便捷性，虽然新版皮书数据库的主体内容主要显示在网站架构的二级页面上，但是也可以输入"皮书数据库"或网址 www.pishu.com.cn，直接快速进入皮书数据库的产品登录界面，既合为一体又保持相对独立。

二 完善皮书数据库建设思路

顺应社会科学文献出版社"创社科经典，出传世文献"的出版理念和"权威、前沿、原创"的产品定位，皮书系列一直以高端智库为终极发展目标，并在不断实践中日益明确皮书数据库的建设思路，那就是：以皮书系列研究报告为基础，全面整合中国发展与中国经验、世界经济与国际关系领域的研究文献、实证报告、调研数据和媒体资讯，基于学术研究脉络构建子库产品，追踪社会热点推出学术专题，依托皮书研创力量着力建设学术共同体，提供以满足用户需求为目标的知识服务。具体来说，可分为五方面。

在内容建设方面，不仅囊括皮书系列研究报告，还以中国发展与中国经验、世界经济与国际关系为主题，加大资源整合的力度和广度，整合进出版社内外、已出版或尚未出版的、优质同主题资源。

在资源类型方面，进一步加大对作者、研究机构用以支撑皮书系列研究成果的第一手调查数据和资料的整合力度，为用户特别是研究型用户提供更有力的支持；进一步加大对皮书系列发布会视频的开发力度，全力打造视频库并与图书资源互联互动。

在产品架构方面，先以皮书系列内容资源的主要类型（经济类、社会政法类、文化传媒类、地方发展类、行业报告类、国别与地区类）为基础搭建皮书数据库主体架构，即建立"中国经济发展数据库、中国社会发展数据库、中国文化传媒数据库、中国区域发展数据库、中国行业发展数据库、世界经济与国际关系数据库"六大热门子库。在此基础上，基于学术细分原则，每个子库下面会设立多个二级乃至三级子库。除此之外，还可根据用户个性化需求进行资源重组，按需定制新的数据库产品。

在学术共同体方面，前期先围绕课题组动态、作者库、机构库等栏目，以及互动社区的建设来展开，旨在围绕皮书研创这一主题，促进皮书作者、皮书机构、皮书受众之间的认识交流，特别是促进皮书系列作者在问题关怀、价值取向、研究方法、学术标准等方面形成共识，进而建立起一个公共学术生活空间。

在产品功能上，以满足用户需求为基本出发点，不论是学习型用户还是研究型用户；将产品功能从为用户提供有用的显性知识为主要内容的信息服务阶段，深化到通过资源整合、知识挖掘、分类组配各种显性和隐性知识资源，并使之结构化、系统化，有针对性地解决用户需求的知识服务阶段。

三 优化数据库产品学术质量

开发自动标引功能。皮书系列是年度出版的连续性学术研究成果,每种皮书除了有固定的规范体例之外,往往还有着相对固定的研究架构与研究领域。在皮书数据库建设过程中,充分利用已入库标引的内容资源,对后续出版皮书成果进行自动标引,数字编辑在自动标引的基础上进行编辑工作,能很好地保证数据库产品编辑工作的一贯性和质量的稳定性。

加大编辑加工深度。注重对皮书相关内容的挖掘和提炼,在前期将皮书系列研究报告拆分到篇章这一基本单位的基础上,进一步深化到知识点这一层级,并推出皮书观点、专家视点、皮书百科等栏目予以展现。同时,加大皮书系列图表资源的加工力度,将图表数据单独提炼出来提供检索功能并独立建库,且与图书资源建立互联互动。

建设学术热点专题。关注学术前沿,追踪社会热点,以皮书系列相关成果为基础,在资源规模不足以构建子库的情况下,以建设学术热点专题的形式展现资源、丰富产品。

四 提升使用功能和阅读体验

统一/单点登录。全面整合原中国皮书网和皮书数据库的用户数据,开发单点登录功能,更好地服务于皮书系列的受众。

满足浅阅读。通过知识点的抽取和皮书观点、专家视点、皮书百科的推出,满足受众的碎片化浅阅读。

跨平台多终端便捷阅读。提供 pdf、html 等格式文件的在线阅读和下载阅读，适应 PC、苹果、安卓等不同的阅读终端，还可通过 APP、WAP 实现移动阅读。

夯实搜索功能。建立皮书分类、中图分类、区域分类、行业分类、产品分类等种分类体系，实现多维度导航浏览，提供快速检索、高级检索、专业检索等功能。

提供定制服务。以成熟的资源学术分类体系及分类映射关系表为基础，依托社会科学知识词典，建立内容资源之间的知识关系网络，可通过学科、区域、行业、研究主题、现实热点等路径实现资源的按需定制和精准推送。

知识推荐。通过主题概念相关和分类层级相关等方法提示知识之间的关联关系，达到知识扩展和知识发现的目的。

丰富用户体验。搜索结果的分组呈现，根据用户的类型为机构用户提供个性化的登录界面。

五　皮书系列数字出版的未来展望

全面整合内容资源并进一步丰富产品体系。以中国发展与中国经验、世界经济与国际关系为主线，整合出版社、研究机构、研究者的出版和未出版的各种类型的学术研究资源和媒体资讯，进一步建设子库产品和学术专题，丰富皮书数据库的资源规模和产品体系。

加大与研究团队之间的合作力度，打造中国指数。以支撑皮书系列研究成果的第一手调查数据和资料为基础，结合指标分类体系建设，在一些优势领域打造权威性的中国指数。

提供全流程数字出版解决方案。在为用户提供知识服务的基础上,结合皮书数据库数字出版工作的相关经验教训,为皮书作者、皮书机构乃至人文社会科学领域的同行,提供从内容资源的数字化加工,到资源的数字化、规范化、结构化存储与管理,再到内容资源的编辑加工和分类标引,乃至数字产品建设,以及内容资源数字化加工平台、内容资源管理平台、协同编辑平台、产品运营发布平台等技术平台建设这样的全流程数字出版解决方案。

提升皮书研创水平　建设一流智库平台

——第十四次全国皮书年会（2013）会议综述

丁阿丽[*]

2013年8月24日，由中国社会科学院主办，甘肃省社会科学院、社会科学文献出版社共同承办的"第十四次全国皮书年会（2013）"在甘肃兰州隆重召开。国家新闻出版广电总局副总局长邬书林，甘肃省省委常委、宣传部部长连辑，中国社会科学院副院长李扬、李培林，全国哲学社会科学规划办副主任姜培茂，中国社会科学院副秘书长、科研局局长晋保平，甘肃省省委宣传部副部长、甘肃省社会科学院书记范鹏，甘肃省社会科学院院长王福生，社会科学文献出版社社长谢寿光等出席开幕式。来自中国社会科学院、地方社会科学院以及高校、政府研究机构等300余名皮书课题组主编、专家、学者和媒体记者出席了会议。会议由中国社会科学院副秘书长、科研局局长晋保平主持。

开幕式上，甘肃省省委宣传部副部长、甘肃社会科学院书记

---

[*] 丁阿丽，社会科学文献出版社皮书研究院助理研究员。

范鹏代表甘肃省社会科学院致辞。他说，皮书系列是中国哲学社会科学研究成果的权威出版和发布平台，是各级政府决策的重要参考和科学依据，也是我国社会主义民主政治建设不断进步、党政决策不断民主化、科学化的智库结晶。全国皮书年会是全国哲学社会科学界的重要学术会议，为进一步提高皮书研创水平，加强研创单位智库建设提供了契机。此次年会围绕建设一流智库平台，共同探讨"皮书研创与智库建设"这一主题，对提升皮书学术影响力、增强皮书研创单位学术话语权具有重大意义。

社会科学文献出版社社长谢寿光在致辞中指出，"在中国社会科学院和国家新闻出版广电总局、全国哲学社会科学规划办公室等相关主管部门的大力支持和帮助下，在皮书研创者的共同努力下，皮书内容质量和社会影响力不断提升，品种数也稳步增加，2012年达到225种，与国外著名学术出版公司合作出版英文、日文等外文版本22种。截至目前，社会科学文献出版社累计出版外文版皮书79种，这些外文版皮书已进入西方主流传播渠道。2013年，在保证质量的前提下，皮书品种数将达到260多种。本次年会以'皮书研创与智库建设'为主题，是对习近平总书记加强智库建设重要批示的积极响应，并且把皮书研创放在'建设一流智库平台'这个新的高度将是未来一段时期皮书工作的主要基调。"

随后，中国社会科学院副院长李扬发表讲话。他高度肯定了举办皮书年会以及皮书出版的意义，并指出，皮书作为中国哲学社会科学的优秀研究成果，为中国社会科学院发挥党和国家"思想库""智囊团"的功能起到了积极作用。尤其是近几年，皮书迅速实现整体品牌化战略发展，不仅获得了国家领导层的高度重视，为咨政决策提供了科学的重要参考，而且在国际国内引起了学界、媒体和公众的广泛关注，产生了较强的影响力。因此，皮书系列的研创出版需要得到全国哲学社会科学研究单位的广泛重视，并将其放在为党和国家的大局服务、为中国特色社会主义建设服务、为传播我国哲学社会科学成果服务的更高战略位置。

全国哲学社会科学规划办副主任姜培茂认为，皮书作为高端智库型产品，实现了对当前中国与世界热点问题科学、专业的年度监测，是哲学社会科学工作者服务于社会的最佳形式，是哲学社会科学人才培养特别是青年科研人才培养的重要平台，发挥着争取国际学术话语权、引导主流舆论的强大作用。对于皮书这种极具理论和实践价值的科研成果，全国哲学社会科学规划办公室将不断开拓与以中国社会科学院为代表的全国哲学社会科学研究机构的多途径、多形式合作，尤其是重点加强对皮书智库平台的全方位支持力度，与皮书的相关主管部门、皮书课题组、皮书主编和作者共同推动皮书事业的发展，促进哲学社会科学成果的进一步转化，充分发挥国家社科基金在推动哲学社会科学繁荣发展上的示范引导作用。同时各皮书课题组应增强自己的责任感和使命感，坚持马克思主义的理论指导，把握正确的舆论导向，坚持以我国经济、社会、文化等宏观领域重大现实问题为主攻方向，加强对全局性、战略性、前瞻性问题的研究，打造好皮书这一具有中国特色的新型智库平台，推动中国特色社会主义沿着健康轨道前进。

中国社会科学院副院长李培林代表中国社会科学院宣读了第四届"优秀皮书奖"获奖名单。本届优秀皮书奖有36种皮书获奖。其中，一等奖9名，二等奖15名，三等奖12名。此外，李培林副院长还公布了35种使用"中国社会科学院创新工程学术出版项目"标识的院外皮书名单。这些皮书将从2014年起使用"中国社会科学院创新工程学术出版项目"标识。

会议期间，国家新闻出版广电总局副总局长邬书林、中国社会科学院副院长李扬、中国社会科学院社会学研究所副所长张翼分别就皮书与智库建设、当前中国经济、中国社会发展做了学术报告。

邬书林副总局长充分肯定了皮书对于推动社会发展的重要作用，他指出，皮书是一种反映学术研究成果和社会发展状况的重要知识和信息的出版物，具有权威性、前沿性、原创性、实证性、时效性、连续性、咨政性的特征。他说，"在大数据时代，皮书要谋划未来，把思想创新和有效的数据相结合，通过科学的技术手段和方法，建立一个世界性的、面向全球的信息传播平台，成为'专业信息解决方案的提供者'。"

李扬副院长就当前中国和世界的经济形势作了分析，他指出，全球经济将会持续低迷，我们必须要有全球意识，转变经济增长方式，调整宏观调控政策的框架。面对经济下行的压力，我们要学会"静观其变，平心静气，小心翼翼"。

张翼副所长分析了当前我国的就业、社会保障、农民工、城镇化等社会热点问题，他指出，随着城镇化的发展，农民阶级人数会逐渐减少，农民工会继续增长，在未来的社会政策制定中，需要协调好工人、农民与其他阶层的关系。

来自全国各地的专家学者以"皮书研创与智库建设"为主题，展开了充分的交流与讨论。社会科学文献出版社社长谢寿光做了题为"皮书研创与智库建设"的主题报告。谢寿光在报告中指出:"由社会科学文献出版社出版的皮书系列,作为一种典型的智库产品,在中国社会科学院和全国社会科学界的共同努力下,经过20多年的打造,不仅成为一种著名的图书品牌,而且成为知名的社会科学应用对策研究成果品牌,皮书的研创有效地推动了研究机构或研发团队的智库建设。对皮书各研创单位和团队来说,加强皮书研创,无疑是落实习总书记关于加强智库建设指示精神的关键举措。"此外,他还就国际国内智库发展的情况、智库发挥作用的方式,以及如何从皮书的研创和发布的角度发挥智库作用等方面做了详尽的分析和阐释。

社会科学文献出版社市场营销总监、皮书评价研究中心主任蔡继辉发布了2012年版皮书评价结果。

在主题论坛中,江西省政协常委、经济委员会副主任汪玉奇,贵州社会科学院院长吴大华,中国社会科学院新闻所所长唐绪军,对外经贸大学副校长赵忠秀,首都经济贸易大学原校长文魁,安徽省社会结构研究中心主任、安徽省社会科学院研究员王开玉,浙江省社会科学院副院级巡视员、社会学所所长王金玲,国家测绘地理信息局测绘发展研究中心副主任徐永清,上海社会科学院城市与人口发展研究所副所长屠启宇,中国建银投资有限责任公司副总裁刘志红,福建师范大学经济学院副院长黄茂兴,陕西省社会科学院副院长白宽犁,广西社会科学院副院长黄志勇,上海交通大学人文艺术研究院院长谢耘耕,云南大学国际关系研究院院长刘稚,扬州市社科联党组书记、主席、扬州市社会科学院院长徐向明等围绕"皮书研创与智库建设"做了主题发言。

除主题论坛外，大会还以"一流智库建设与皮书研创""地方智库创新与皮书研创""高校智库功能与皮书研创""智库影响力与皮书研创""文化大繁荣与智库影响力"为主题，设置了五个分论坛。与会代表在分论坛上畅所欲言，进行了充分的交流与讨论。

贵州省社会科学院院长吴大华代表第十五次全国皮书年会承办单位发言。他指出，贵州近年来高举发展、团结、奋斗三面旗帜，发展很快，增速位列全国前三。贵州也正在与瑞士就生态文明、文化旅游等开展交流与合作，致力于打造"东方小瑞士"。以举办全国皮书年会为契机，进一步推动贵州的发展。吴大华院长向广大皮书课题组代表发出了诚挚的邀请。

闭幕式上，谢寿光社长做了总结发言。谢社长用"高激情、高层次、高质量"对本次年会进行了评价。他说，与会代表满怀着对社会科学研究的激情参会和发言，可谓高激情；多位省部级领导、地方社会科学院院长、书记参会并做报告，可谓高层次；本次年会研讨的立意高、主题报告质量高、分论坛研讨水平高，可谓高质量。

谢寿光社长还对会后各课题组如何落实好本次年会的会议精神提出了五点建议。一是把学习习总书记关于智库的批示和传达本次年会精神密切地结合起来；二是把皮书研创纳入所在单位的智库建设规划中；三是进一步建立和完善皮书的研创体制机制，包括人才配置、经费筹措等；四是加强皮书数据库的建设，可自行研发或与其他研创单位合作开发数据库；五是做好2014年皮书工作的具体部署，包括广泛征集有价值的内容、对皮书整个研创过程进行布局、严格按照皮书研创指南进行编写。

作为皮书的出版者，谢寿光社长将社会科学文献出版社对皮书的总体布局和下一步工作安排做了汇报。他说，社会科学文献出版社的目标是要像二十世纪三四十年代的中华书局和商务印书馆一样，做研究型的、世界知名的学术图书出版机构。为此，社会科学文献出版社正在筹备建立皮书研究院，拟招聘博士后专门从事智库方面的研究；同时，努力办好皮书网，为皮书研创团队建立起一个可以在网站进行实时交流、交换意见的社区。作为出版方，社会科学文献出版社要和各皮书课题组合作，一方面强化皮书的质量管理，严格控制皮书的内容重复率，另一方面强化对皮书发布的管理，用科学的研究方法和准确的数据来源来应对部分媒体的恶意炒作，与各类传统媒体、新媒体全方位进行合作来扩大皮书的影响力。社会科学文献出版社也将要对2014年皮书的出版和发布的计划、整个编辑年度计划，做出统一部署。

会上，与会代表就如何研创高质量的皮书，建设一流智库达成了高度的共识，各皮书课题组将加强合作，共同推动全球智库交流和推广平台的建立。

皮书编辑篇

把握传播规律，提升皮书品质

陈凤玲　许秀江[*]

摘　要：本文分析了社会科学文献出版社出版的皮书影响越来越大的原因，即掌握了皮书的传播规律。具体来说，给读者提供了最有价值的资讯，实行了严格的皮书准入制度，并严格控制引用率；用最简捷的方式准确传递有效信息，避免过多的普及性知识的介绍和复杂的烦琐论证；使用好数据这一皮书的核心信息，确保皮书的数据使用精准，反映事物的基本特征，并能进行横向与纵向的比较，反映事物发展变化的趋势与规律。

关键词：传播规律　皮书准入制度　数据

社会科学文献出版社出版的皮书经过二十几年的发展，已经

---

[*] 陈凤玲，社会科学文献出版社经济与管理出版中心编辑；许秀江，社会科学文献出版社经济与管理出版中心编辑。

成为国内知名图书品牌。因为社会科学文献出版社的皮书实现了规模化和规范化，其出版的皮书代表着中国报告类作品创作出版的高水平。这是所有的皮书创作者和出版者共同努力、共同奋斗的成果，是每个皮书编写者的共同品牌和荣誉，需要大家共同珍惜和维护。而今，社会科学文献出版社的皮书已经由以数量品种增长为主的阶段，进入了以提升皮书内涵品质为主的新阶段。把握传播规律，总结创作经验，认清皮书内涵成为进一步提升皮书内在品质的必修课。

社会科学文献出版社的皮书为什么越出越好，影响越来越大？除了其团结了一大批认真负责的高水平专业创作团队以外，更重要的是其出版的是皮书采取了现代传播的形式，适应了时代发展的特点，满足了社会进步的需要。

全球化的时代也是一个信息拥堵的时代，世界变得越来越复杂，每个人每时每刻只有不断进行知识更新、思想更新、观念更新，才能跟上时代发展的步伐。面对扑面而来的海量信息，人们渴望作为大众传播的媒体给他们提供更有效率的信息服务。所谓传播的效率是指，用最简捷的方式，使受众获得尽可能多的高质量的有效信息。社会科学文献出版社出版的皮书之所以产生了广泛的社会影响，就在于其作品在编写出版过程中始终遵循了传播效率原则。社会科学文献出版社力求做到使皮书的内容是最有价值的资讯。为了做到这一点，社会科学文献出版社实行了严格的皮书准入制度，对皮书的编写队伍进行严格把关和筛选，以保证皮书创作单位都是熟悉本领域情况、具有较强公信力的专业化团队，从而从源头上保证了皮书内容的真实性和可靠性。为了保证皮书发布资讯的质量，在各个皮书编写创作团队的支持和配合下，社会科学文献出版社坚持实行严格的引用率控制制度，要求每部皮书中的每篇文章引用内容不超过15%，有力地保证了作品的原创性，从内容上保证了皮书的传播价值。

皮书出版二十几年的发展，使笔者对皮书的特点和传播规律有了更深入的认识。皮书是一种时效性较强的连续出版物，为了能让读者尽早了解各领域的最新资讯，笔者建议各皮书编写课题组尽可能在上半年完成皮书的出版发行任务，以便为皮书的推广和传播留下更大的空间，使皮书的传播价值最大化。为了适应人们快节奏、浅阅读的现代生活特点，笔者希望皮书的编写不宜篇幅过大、内容冗长，建议每部皮书的最佳字数为20万~25万字，以定性描述和定量分析的核心信息为主，不要对知识性的问题做过度的展开。为了让皮书反映的资讯具有横向和纵向的可比较性，社会科学文献出版社皮书形成了特有的"总报告、分报告、专题报告"的写作框架……

社会科学文献出版社在皮书出版过程中摸索出的这些皮书传播经验，使其形成了一系列符合实际的、具有很强操作性的皮书出版要求和规范，有力地保证了社会科学文献出版社的皮书出版质量，扩大了皮书的社会影响力，形成了独具特色的图书出版品牌。

社会科学文献出版社的皮书发展到今天，已经形成了拥有近三百个品种，覆盖社会科学各个领域的大型出版主题板块，占据了国内报告类图书出版市场四分之一左右的市场份额，并在国内外产生了广泛的影响，创造了可以载入中国出版业史册的辉煌成就。从根本上说，是社会科学文献出版社出版的皮书符合了传播规律，顺应了时代发展，满足了社会需求。

一部作品起码要做到有价值、读得懂、令人信服，才会受到读者的青睐，这是传播的要求，也是判断作品优劣的基本标准。一部好的作品的特点是，既能有效地传递信息，又不给读者带来阅读负担。皮书作为一种密集传达信息的出版物，具有较高的传播效率是其优势所在，所以，编写皮书，要尽量用最简洁的方式准确传递有效信息，避免过多的普及性知识的介绍和复杂的烦琐论证。这是在编写皮书意识上需要改进的地方。有些皮书空话、套话、废话较多，有效信息偏少，读起来像一些官样文章；有些皮书把数据分析的公式模型及其计算过程都罗列出来，这样做实质上冲淡了皮书的资讯价值，偏离了皮书应有的写作方向。

皮书不同于学术著作，以表达方式的简练准确为特色，其核心资讯是对事物历史、现状、未来的描述与预测，既有定性的说明，又有定量的分析和判断。有人说，皮书的价值是数据，这话一点没错。不过，皮书的数据不是越多越好，而是越精越好，皮书的数据要能反映事物的基本特征，能够进行横向与纵向的比较，能够反映事物发展变化的趋势与规律。数据是皮书的核心信息，是皮书的阅读价值和市场价值所在，皮书的所有内容都应围绕这一核心信息展开。有了数据这些核心信息，还要做到让读者读得懂，看得明白。数据是对事物的本质和规律的反映，比较抽象，不那么直观，更不容易理解。皮书编写者的一项重要工作就是把各种数据代表的含义用清晰明白的语言表达出来。一般来说，对数据含义的解释应当包含如下几方面：社会含义、经济含义、文化含义、政策含义等，根据不同领域的需要，包含不同的内容。

总的来说，皮书只要做好数据及其含义两方面的编写工作，内容结构不分散，不跑题，内在质量和传播效果就会大大提高。

内外兼修

——论地方类皮书的品质提升及资源整合[*]

桂 芳[**]

摘 要： 当皮书不仅仅是皮书，而是影响力来源、风向标、权威信息库、资源整合平台时，它就实现并升华了自我价值。地方类皮书怎么能做到这点呢？一是需要苦练"内功"，通过建立专家库、议题库、数据库等来铸就核心竞争力，打造强大的影响力；二是需要巧练"外功"，整合地方特色文化资源，形成强大的品牌合力。本文从内外两方面就地方类皮书的品质提升和资源整合提出建言，期待地方类皮书能内外兼修，实现转型升级和历史性突破。

关键词： 地方类皮书 转型升级 文化软实力 资源整合

---

[*] 本文所言的皮书专指社会科学文献出版社自20世纪90年代以来所出版的蓝皮书、黄皮书、绿皮书系列，最初只有两种蓝皮书：社会蓝皮书、经济蓝皮书，至2013年，已经发展到近300多种，且涵盖了中国大部分区域及国际社会，如有美国蓝皮书、德国蓝皮书等。除了按颜色区分外，皮书又分为国别类皮书、地方类皮书、行业皮书和文化传媒类皮书等。具体可参见中国皮书网。社会科学文献出版社的皮书系列是"十二五"国家重点图书出版规划项目，其中部分重点皮书为中国社会科学院创新工程学术出版资助项目。在该社之外，全国的报告类图书每年大约有1000多种，由于笔者对其了解不多，故不论及。

[**] 桂芳，社会科学文献出版社皮书出版分社编辑。

一 引言

从量来看，地方类皮书数量在整个皮书"家族"中的占比近年呈下降趋势。地方类皮书在皮书中的占比约27%，不足1/3。从地域覆盖范围来看，它覆盖了大约22个省份，也就是说，大约30%的省份的地方类皮书仍是空白。[①]

从编撰者来看，主要分为四种：一是某地方的系列皮书均由地方社科院领衔主编，作者以社科院学者为主，这种情况比较普遍；二是某地方的系列皮书由省政府研究机构主编；三是某地方的系列皮书由大学主编；四是混合型，如某地方的系列皮书中，有些由政府主编，有些由大学或社科院主编，如《广州蓝皮书》（社科院和大学各编几种），《湖南蓝皮书》（政府和社科院各主编几种）。

从品质来看，各地方类皮书质量参差不齐。目前，笔者所见的地方类皮书的编撰方式有如下两种：一种是就某一专题或实践领域撰文，形成各组文章，名为"＊＊篇"，然后各"篇"汇集成书。每年度的各篇大多有连续性，有时也略有增减变化。另一种是政府各部门、社会各行业报告性质的文章，

[①] 截至2012年，社会科学文献出版社的地方类皮书共出版了北京9种、甘肃6种、广州15种、贵州2种、杭州1种、河南5种、黑龙江3种、湖南7种（含长株潭蓝皮书）、江苏1种、辽宁1种、内蒙古1种、浦东1种、山西1种、陕西3种、上海8种、深圳3种、温州1种、武汉2种、扬州1种、浙江4种、郑州1种、安徽2种、海峡2种、香港1种、澳门1种，共82种，而当年社会科学文献出版社的皮书总量接近300种。国内区域类的皮书有港澳珠三角、北部湾、大湄公河次区域、京津冀、经济特区、中原、中部、西部、西北、长三角各1种，共10种，本文中这10种不计入地方类皮书。

多是对过去一年的回顾、对来年的展望。以上两种形式中，质量各有参差。做得好的，比如通过历史纵向比较和地区横向比较，基于扎实丰富、真实可靠的调研数据，分析自己的特色、不足，寻求突破和完善的途径，能提供见解、智慧和启迪思路，为相关部门及研究机构提供借鉴；做得不好的，如从别处转引、罗列一些数据，甚至是网络上都可以看到的工作总结、年度总结。

无论从量还是质上来看，皮书面临迫切的转型升级需求，尤其是现在皮书为国家各层面包括高层所关注。皮书曾经是什么、现在是什么、将来应该是什么？这是值得皮书研创团队深思的。现在的思考关系到皮书将来的发展高度。以下笔者基于国家及社会各层面对皮书的高定位对将来地方类皮书的品质提升作些建言。

二 皮书以内说皮书——铸就核心竞争力

为出版而出版是初级的。当皮书不仅仅是皮书，而且是影响力来源、风向标、权威信息库、资源整合平台时，它就实现了自我价值。皮书怎么能做到这点呢？事实上，有些皮书已经做到这点，比如《社会蓝皮书》、《经济蓝皮书》。做得好的地方类皮书也有，但不多。

皮书主编都希望编撰出高质量高水平的皮书，问题在于，有没有可操作的途径。笔者以为，从以下几方面入手，将对这个目标的实现大有裨益。

（一）建立专家库

把皮书的研创出版与智库建设紧密结合起来，以议题为导向，在全省甚至全国范围内遴选相关议题研究领域的高层次专家学者，将其纳入本皮书的撰稿团队，并根据每年的议题变化，吸纳崭露头角、有相当实力的新人。

皮书要做大做强，一定要有一个相对稳定又开放的高端作者团队。这是有例可循的。如《社会蓝皮书》，其出版始于20世纪90年代。其相对稳定表现在：主编队伍相当稳定，核心人员基本不变；作者群中很多作者如杨宜勇、零点调查公司、莫荣、乔建、樊平、王发运、李春玲、张翼、唐钧等，10多年来，基本上每年都为《社会蓝皮书》的某一专题撰稿。其高端表现在：无论其主编还是作者，绝大多数是相关研究领域的知名专家学者，如2001年社会蓝皮书除了上述部分作者外，还有李培林、杨东平、胡鞍钢、温铁军等。他们对特定问题长期做跟踪调查研究，每年的文章也是基于最新的调查经由深度研究分析而成。其相对开放表现在它不拒绝优质的新鲜血液，对于崭露头角、有潜力有后劲的年轻学者也敞开胸怀吸纳，如此则始终能保持创作团队的活力和后劲。《社会蓝皮书》虽然由中国社会科学院社会学所主编，但作者却不仅仅来自社会学所，甚至不限于中国社会科学院，各部委研究机构、大学、社会组织或专业调查机构都有参与。因此，《社会蓝皮书》的议题多样，涉及社会发展方方面面的热点、焦点问题，而且视角丰富，从不同角度折射着中国社会的真实面貌。

（二）建立议题库

地方类皮书应关注经济社会转型发展中的突出问题、难点问题，每年设立若干个关键性的重要议题，以专题研究统领全书，采用社会科学的定量与定性研究工具，基于全面的、最新的数据和调查资料，做出深度研究成果，切实提升皮书的理论、实证研究水平，以服务于地方科学发展的大局，为其提供智力支持和建言献策平台。

现代社会出版物数量和品种都极大丰富，其中直面最生动最真切的社会现实的好作品永远都是时代最需要的。最不需要的是浮于表象、止于转载数据的程式文章。目前，就笔者所见的地方类皮书中，有一些好的发展态势，比如2013年《湖南蓝皮书》（法治）中专题篇的一些文章，就具有极强的问题意识和敏锐度，而且资料翔实、分析透彻；《甘肃蓝皮书》、《深圳蓝皮书》等中也有非常好的文章。但不好的方面也有，比如，无论是政府机构主编还是社会科学院、大学主编的皮书中，类似于政府、部门、行业工作报告的文章较多，甚至超过一半篇幅。这就偏离了皮书的宗旨、降低了皮书的分量。笔者觉得，重量级的文章不应该只是凤毛麟角，而应该反过来，将不够分量的文章降到极少数。取乎其上，得乎其中，拔高起点，才可能有好的作品。

如何才能有好的议题呢？在确定好皮书几个大栏目之后，可以考虑几个途径：①每年通过有影响力的包括网络在内的各种新媒体向全社会征集几大领域内前几位热点议题；②面向相关领域知名专家征求他们印象最深刻的当前热点议题；③给本年度皮书确定核心关注点（这个点可作为皮书的副标题），然后召开高端专题会议，通过头脑风暴，确定论文题目及撰写者。面向全社会征集的一个亮点在于，可以先声夺人，为皮书的出版造势，先吸引大量的关注，打造广泛的影响力。面向专家征集的特点是议题可以保证深度。如果能将二者的优长结合起来自然是最好不过了。

（三）建立原创数据库

皮书"家族"中《信息化蓝皮书》从第一本开始，每年度皮书都有一个栏目——"比较研究篇"，其中的《中国信息化发展的区域比较研究》、《中国信息化发展水平的国际比较研究》，前者构建了自己的原创评价指标体系，依此得出中国各地信息化发展水平指数和排名、数字鸿沟情况等等；后者通过国际权威的世界信息化发展指标体系、国际电信联盟信息化发展指标体系测度中国在世界上的排名，得出各方面的比较数据。《就业蓝皮书》、《城市竞争力蓝皮书》、《省域竞争力蓝皮书》等都有年度连续性数据，如此多年做下来，就形成了一个非常有价值的数据库。

社会科学文献出版社每一本皮书都被纳入其皮书数据库[1]，因此，要求每一种皮书都有其原创数据库。此处原创指的是，这

---

[1] 皮书数据库是社会科学文献出版社专业的人文社会科学综合学术资源总库，以大型连续性图书"皮书系列"为基础，整合国内外其他相关资讯构建而成。包含七大子库，涵盖两百多个主题，包括十几年间中国与世界经济社会发展报告，覆盖经济、社会、政治、文化、教育、国际问题等多个领域。皮书数据库以篇章为基本单位，用户可进行全文检索，也可对文献题目、内容提要、作者姓名、作者单位、关键词等基本信息进行检索，还可对检索到的篇章再作二次筛选，进行在线阅读或下载阅读。目前，全国不少研究机构、大学及图书馆在使用皮书数据库。

些数据是该书作者自己基于某个评价指标体系得出来的，是前人未曾有的；至于其依据的评价指标体系，能自己创设为最佳，如果现有的国际国内评价指标体系已然完善，也可以借用。研究者分析一个社会问题，既可以自己创造一个理论范式，也可以借用前人的理论范式来得出自己的结论。

除了原创外，特别要提及的是，社会科学文献出版社的每一本皮书的每一篇文章都要求是首发的，即在被皮书采用前，从未在纸媒和网络上发表过，且其引用率不能超过一定的百分比。这看似严苛，但在如今大量出版物粗制滥造的背景下，对于提高皮书的质量和权威性是必要的。原创首发，对于地方类皮书提升自己的品质，无疑大有裨益，这也是大大提升其价值的重要途径。

（四）闪亮的副标题——以核心议题引领年度皮书的撰写

皮书的书名除了年份外，不能变化；但副标题是可以围绕每年的核心议题来设立的。副标题拟得好，不仅可点亮整本书的题眼，让人可以迅速了解该书关注的主题，而且能提升整本书的观感。《城市竞争力蓝皮书》在这点上便做得很好，如表1所示。

表1 《中国城市竞争力报告》近年的年度主题

No. 3	集群:中国经济的龙脉	No. 7	城市:中国跨向全球中
No. 4	楼市:城市中国晴雨表	No. 8	竞争力:城市与国家同进退
No. 5	品牌:城市最美的风景	No. 9	城市:让世界倾斜而平坦
No. 6	城市:群起群飞襄中华	No. 10	竞争力:筚路十年铸一剑
No. 11	新基准:建设可持续竞争力理想城市		

（五）打造影响力

目前，皮书打造影响力的主要途径是召开新书发布会。皮书搭建了一个学术语言转化为媒体语言、大众语言的平台，志在"引导舆论"，打造皮书的"话语权"。因此，几乎所有有影响力、权威的皮书在出版之初都会召开新书发布会。会议总是有聚焦眼球的作用，但制造眼球效应并不限于新书发布会这个单一环节，事先的造势、制造悬念和期待，事后持续引起话题、进行亮点跟踪挖掘也很重要，有助于影响力的持续发酵。比如上述在组稿前联合官产学各界召开盛大的主题会议，新书发布会前后抛出各种热点话题，会后寻找契机，持续引发讨论，等等。争取影响力上及国家层面乃至国际层面，下及普通民众。这就要求皮书具有"话题制造"的潜力，要求它关注、研究的是时代热点、焦点、核心议题，并且研究深入扎实，一个个话题一抛出去便能引起共鸣和热议。这需要皮书的议题库和专家库具有相当的高度、深度和影响力。

皮书本身的实力，没有媒体的推波助澜和广泛传播，酒好也怕巷子深。在这个眼球经济时代，媒体的力量是超乎想象的。但是，媒体的潜能也需要挖掘，因为，在信息爆炸的当代，焦点、热点层出不穷，能对媒体产生黏附力，可不容易。媒体偏爱稀缺资源，如果皮书的议题或者主编、作者够高端，本身就是话题人物，具有强大的媒体吸附力，那就事半功倍了。假设还没有高端到媒体趋之若鹜的程度，那么编撰、宣传团队就要善于借助各种资源，通过运作整合，达到相仿的效果。

内外兼修 ◎

三 皮书之外说皮书——整合资源平台

以上是就皮书而说皮书,事实上,也可以在皮书之外说皮书。当前,结构优化升级、资源全面整合是热门词语,这对地方类皮书的品牌建设会有什么启发呢?以下笔者略陈陋见,以抛砖引玉。

(一) 整合的必要性

现在,国家要提升文化软实力,地方也需要做大做强文化软实力。这就涉及资源整合。地方类皮书是当地的资源,但当地的文化资源不限于皮书,还有其他。皮书的内容涉及经济、社会、文化、城市等,关注每个领域的发展。因此,只要有足够创新的思路和创意,便存在资源整合的各种可能性。

皮书是一个全国性的平台,它影响所及,辐射全国甚至国外(近十种皮书已经出了英文版和俄文版),如果某地方类皮书有好的想法,需要其他皮书课题组的合作、协助,可以通过出版社的皮书网络达成意向。所谓星星之火,可以燎原。一个地方的一个创意,经由出版社传播到各个地方,大家集思广益、头脑风暴之后,也许能产生一系列的创意,一旦付诸实践,可能产生巨大的经济效益和社会影响。这些想法、创意成果可能是非皮书的,却是基于皮书平台而产生的。所以,编撰者及出版社出版皮书,但可不限于皮书。

作为出版业工作者,受思路所限,笔者所能想到的项目涵盖在文化产业内,如会议、活动、出版项目等。以下仅以出版项目为例说明之。实际上，基于皮书平台的项目可以远不止于此。

（二）整合的对象

中国幅员辽阔，各地都有自己独特的历史文化资源和特色，比如，沿海的海洋文化与内陆的农耕文明、中原的根文化、西南边陲色彩浓郁的民族文化等各具特色。

说到文化利用，容易想到的是旅游观光，因为这能带来直接的经济效益。地方特色文化，有些可以融于旅游观光中，这种旅游体验虽然生动，但还是浅层的，因为体验会随着时间淡化。有些具有深度的文化资源必须以各种介质记录下来，包括纸质出版物、电子出版物、新媒体等。这样的记录不会被时光的洪流淹没，可以反映一个地方的文化地貌，不需要人们亲身到访就可以传播一个地方的特色、历史和风情，并且这种形象和影响力的传播可以打破时空界限。

地方类皮书可与其他地方特色书系一起运作，以皮书为主课题，其他特色书系为分课题，共同策划、组稿、召开新书发布会等；以皮书为统领，其他书系百花齐放、多元发展。在这个基础上，还可以开发衍生产品。有了皮书的托举，地方各色书系站上了一个国家级出版平台；而皮书有了各色书系的加盟，会拥有更丰富多彩的内涵，能全方位地为经济社会发展搭建各种资源整合及影响力拓展的平台。

地方特色文化资源大致可以划分为如下几种。

1. 地方丛书或文库

地方丛书或文库以凸显地方文脉、历史传统和特色发展道路等为宗旨，主要有各地的"文献汇刊"或专题研究丛书、地方社科院文库、社会变迁调研丛书，典型的如社会科学文献出版社迄今仍在持续出版的中国百村调查、中国百县调查、中国边疆百村调查等。

2. 非物质文化遗产

各地的物质和非物质文化遗产是当地独有的资源，对它的发掘可以是多面向多层次的：①包括古代方志在内的各门类古书可以整理影印出版，这是文化保护、传承、弘扬的重要途径。②梳理地方非物质文化遗产的丛书。③将非物质文化遗产引入教育阅读领域。非物质文化遗产可以与地方中小学教育关联起来，"地方非遗中的美育资源，可以弥补国家统一教材缺乏地方性之不足，是当前课程改革的重要内容。开展对地方非遗的研究，可以使学生更好地了解家乡，传承家乡文化，培养其感受美、鉴赏美、表现美和创造美的能力，成为有用之才，所以开发与利用地方美育资源已经刻不容缓。"[①] 可以设想一下，如果将非遗资源整合成生动活泼的中小学读本，经济效益和社会效益都极大。[②] 这也许不像引进资金、企业那样立刻就能见到经济效益，但它缓慢释放出来的影响是长远而巨大的。

3. 各地的地名、姓氏溯源

从长时段、全球视野来看，地名、姓氏溯源其实是一个非常有意义也很重要的项目，单单这项工作，便可钩沉出一个地方乃

[①] 徐奇：《浅析非遗中地方美育资源的开发与利用》，《学生之友（小学版）》2010年第11期。

[②] 优秀的少儿图书，如《漫画中国历史》，在出版期间获得了国家出版基金200万元的资助，出版不到几年，已经多次重印，并且已经实现版权输出到多个国家。可见，优秀的少儿图书市场空间巨大，经济效益和社会效益都相当好。——笔者注

至整个国家的文化基因地图。比如，有些姓氏只集中在某一个地方，有些姓氏几经流变，每个姓氏背后都有许多悠长的历史和故事。以前各姓大抵有族谱，可以往前追溯许多代，而现在族谱几乎消失了，难道姓氏文化也要随之湮没在时间的洪流中？地名背后同样有曲折演变的轨迹，总有一天，走过了钢筋水泥的工业化后，我们会觉得那些素朴、带着泥土芬芳和青石板温润的小地方是那么值得怀念，附着其上的历史的流影是那么值得珍视。这些地名、姓氏、典故除了可以以图书形式出版外，还可以结合旅游地图或少儿学习、游戏软件一起设计，投入广阔的旅游市场、学习游戏市场，争取经济效益和社会效益双赢。通过这种多角度、多层次对特色文化资源的发掘和利用，各地的文化软实力将大大增强，形象也会大大提升，可以从中获得经济社会发展的新动力和许多衍生成果。

（三）整合的可能途径

各地拥有那么多文化资源，如果能够就这些资源做一下顶层设计和长期出版规划（包括纸质出版和数字出版），完全可以围绕皮书出版平台再打造一个出色的、高端的地方人文社会科学成果库。文化是经济的底色。有了深厚丰富的文化为依托，地方的经济社会必然可以得到长足的发展。

如今，部分优秀的皮书已经实现了版权输出，并在国外有一定的影响力。在这种形势下，建议地方政府管理部门根据地方的出版资源、文化资源状况，在充分征求相关专家的意见后，研究制定与中央有关政策配套的用来促进本地区"出版走出去"的一整套方针政策和具体措施，并拿出一定的力量来扶持。

也许有人会有疑问：这样的大型出版项目，经费从何而来呢？途径可以有以下几种：其一，国家现在支持高质量的文化出版项目，这样的出版可以申请国家各种出版资助。其二，有些文化资源是不可复制、不可再生、珍稀的，可以向市场要效益。比如各地地名、姓氏、典故、历史等丛书或附带地图链接的数字图书，在旅游市场上应该有相当大的市场需求；非物质文化遗产图书及多媒体版本在学校教育、图书馆藏及国际等市场上应该也有需求。其三，从国际层面来看，越是地方的，就越是世界的，在不影响国家文化安全的前提下，可以通过版权输出获得收入。比如，第61届法兰克福书展上，我国《中国民间艺术传承人口述史》丛书（全10册，中英文两种版本）精彩亮相，在整个书展中反响很大，尤其是引起了西方广大读者和同行的兴趣和关注。该丛书也顺利地实现了多国版权的输出，且为后续产品打入国际市场预热造势。所以，对外出版这个市场大有可为，而对外出版也能推动国内资源的整合与提升。

各地有丰富的文化资源，而皮书出版平台有强大的辐射力和资源整合渠道，如果各地皮书编撰团队能联手皮书出版平台在资源整合等关键环节实现重点突破，无疑将提升地方文化软实力。

四 结语

大到一个国家，小到一个机构，都有自己的短期、中期、长期发展规划。顶层设计的有无、好坏关系甚大。皮书从起步到如今的发展壮大，一直都伴随着理想的蓝图和顶层设计。如今，皮书来到了一个更高的新地点，需要皮书出版人、皮书编撰方齐心协力,共同谋划皮书的品牌提升之策。在日益壮大的皮书家庭中,略显羸弱、发育不良的地方类皮书尤其面临转型升级的迫切任务。我们期待"地方虽小,风景却好"。只要有足够的创意和创新、内外兼修,地方类皮书一定能够成功升级。

参考文献

谢曙光主编《皮书研究:理论与实践》,社会科学文献出版社,2011。

徐奇:《浅析非遗中地方美育资源的开发与利用》,《学生之友(小学版)》2010年第11期。

和龚:《有关"中国出版走出去"的思考》,《红旗文稿》2010年第3期。

中国出版网。

中国文化创意产业网。

皮书编辑实践中的几点思考

王玉山[*]

摘　要： 本文从实践的角度分析了皮书编辑应该怎样把握皮书书稿的框架结构、怎样借作者之力解决书稿存在的问题，以及书稿编辑整理应该注意的问题等，从编辑技术的角度对包括文前要件的审核、"查重"问题的处理、框架结构的调整、各个校次问题的处理、"黑马"校对软件使用中部分词汇的掌握、外校稿问题的处理等编辑实务问题提出了思考。

关键词： 皮书　编辑实践　编辑方法　问题思考

随着近几年出版行业的不断发展，出版品种的不断增多，皮书这一资讯类产品的影响越来越大，并日益成为社会各个层面和各个行业向公众发布权威信息的重要载体。社会科学文献出版社

---

[*] 王玉山，社会科学文献出版社经济与管理出版中心编辑、副编审。

2013年出版的皮书种类已近300种，在皮书数量上，行业类皮书种类占了很大的比例。针对数量众多的该类皮书，怎样做好编辑工作，也就是从编辑技术的角度，怎样把握皮书的特点，从整体上提高皮书的编辑质量，笔者认为这也是皮书理论与实践的一个重要方面。下面结合几年来具体编辑实践中遇到的实际问题谈几点体会和思考，与大家分享。

一　怎样把握皮书书稿的框架和结构

（一）对文前要件的审核

皮书的书稿，一般可分为两种情况：一种是新入选皮书作者书稿，另一种是已连续出版几年的皮书作者书稿。第二种书稿，往往问题不会太多，因为已经出版过甚至连续出版几年，作者对皮书书稿的构成要件已比较熟悉，框架和结构会比较完整。但是对于新的皮书作者，由于其没有皮书编写经验，对这方面的要求又不太了解，往往很多皮书要件不够齐全。责任编辑对这类作者的书稿要认真按照皮书的要求对一校样进行一一核对。认真审核文前要件，做到齐全完整。一是扉页中皮书系列名是否准确，是否为新增；书名与封面和日后发稿是否一致，英文书名是否齐全，副书名是否保留，有无变化；主编及副主编是否与封面一致，是否保留编者单位名称等。二是皮书编委会名单、中英文摘要、序言等是否齐全。编辑在审核过程中，如果发现有哪些要件不齐全或不符合要求，应告知作者及时补上，免得到了发稿时才发现缺少上述要件而耽误二审和后续程序的进行。

(二)对中英文目录的把握

首先要审核中英文目录是否一致。中文目录中所收录的文章是否与英文目录一致，英文目录中有没有漏缺；另外也要注意中文目录中的标题层级与英文目录是否一致。其次中文目录与正文是否一致。编辑过程中经常会出现这种情况，在中文目录中有的文章题目最后有"研究""报告""分析"等词语，而正文中的文章题目则没有，二者不统一，编辑过程中在核校时要格外注意这类问题，做到目录与正文相一致。

(三)对"查重"问题的处理

为了保证皮书内容的原创性，给读者提供最新的资讯，要求编辑在发稿前对皮书内容进行重复率检测，也就是所谓的"查重"，原则上规定书稿内容重复率整体不能超过15%。编辑对书稿进行"查重"以后，在了解整部书稿重复率的基础上，对那些重复率较高的文章要分别标出，并区别不同情况做出不同处理：对已经发表过的书稿中非"骨架"文章，应建议作者删除；对那些比较重要但重复率又超过规定的文章，建议作者重点修改，最好给作者指出具体修改的部分，让作者有针对性地修改，不要从结构上做大的改动。根据编辑经验，减少或降低重复率最好的办法是"关口前移"，就是在组稿阶段减少重复率高的稿件，避免成稿以后因为重复率高而在结构上做大的调整，一是修改工作量大，二是出版时间紧来不及做大的调整。《城乡一体化蓝皮书：中国城乡一体化发展报告（2013）·北京卷》重复率比较高，达到了20%以上，主编和组稿人员了解

"查重"要求后，对 2014 年的书稿在组稿阶段就做出安排，使今年的重复率大为下降，初稿重复率为 8.5%，超过 15% 的文章仅有一篇。

（四）对皮书框架结构的调整

在皮书编辑过程中经常会遇到这种情况，作者提交的书稿里面只有一个总报告，而后面的文章由于作者可能觉得从类别上也不好划分，以致二三十篇文章都放在分报告或是专题报告一个一级标题之下，没有具体划分出二级标题。遇到这种情况，责任编辑就要对书稿的大体脉络和结构有一个初步的了解，所谓的"研判书稿，把握脉络"，对书稿整体的框架结构有个基本判断，必要时与作者沟通商榷，在总报告之下，能否分为分报告、专题报告、专题研究，等等。另一种处理方式就是分门别类，根据文章类别或者主题重新划分不同部分，安排结构布局，这种处理方式比较烦琐，不仅要吃透每篇文章，工作量相对比较大，而且还需要作者配合来完成，在书稿出版时间比较紧张或者"倒计时"的情况下，一般不采取这种方式。比如《人才蓝皮书：中国人才发展报告（2013）》，作者来稿时只分为"综合报告"和"专题报告"，从形式上看，结构比较单一；从内容上看，大部分文章确实比较难以概括提炼出上目录的二级标题。据此，与作者沟通后，既没有做大的调整，也没有相应地增加文章，最后只是在总报告之下划分为"专题报告一""专题报告二""专题报告三"等，在不"伤筋动骨"的情况下，适当调整，使框架结构更富有层次感。

二 怎样借作者之力解决书稿存在的问题

皮书编辑中,责任编辑提高自身专业修养,广泛积累各类知识,做到"积十用一",这是编辑应该努力做到的。但皮书涉及内容非常宽泛,既有行业的,又有区域的,还有地方的,凭编辑自身的力量或专业知识,对书稿中具体的专业知识难免会有不懂的地方,那么怎样做到在认真编辑加工的基础上,减少错误,提升稿件水平呢?笔者认为文字编辑简言之主要是做好两方面工作,一方面是自己"用力",另一方面是会借作者之力,也就是"借力"。

一定意义上讲,善于"借力"体现了一个编辑的功力。怎样借好作者之力呢?应该重视下面几个环节。

(一)细读文稿,做好标记

在编辑中经常会遇到一些不熟悉的专业术语或晦涩难懂的语句,当遇到专业术语、专业概念或专业表述的语句时,对把握不准的地方不要望文生义,"滥施刀斧"盲目修改,而是要再三斟酌,作出标记,日后修改。对稿件问题的"标记"可以分为以下三种情况。一是所谓的"硬伤",即文章语句或词语明显错误的地方,修改以后文意变化比较大,这样的地方就需要作一标记,日后让作者核对修改,做到万无一失,准确无误。二是所谓的"软伤",即编辑修改过程中对某些文段或语句感觉意思不明确,表述不严谨,或者文理不顺等,这种地方责任编辑除非有绝对把握进行修改外,最好还是作一标记,让作者在审核二校稿时一并修改，这样既能省去编辑对专业用语等的考证时间，又能达到准确表达文意的目的，取得事半功倍的效果。三是"疑似错误"。这主要是指在编辑过程中对有些术语或概念名称，疑似有问题，但根据现有资料又"查无实据"，主要表现在一些专业词和新生词之间。这些地方做一标记的目的，主要是让作者从避免引起歧义的角度再次斟酌，以定取舍。上述三点，根据编辑习惯，前两点一般用红笔在一校稿上作出标记（或打一问号），而第三点一般用铅笔在一校稿上作出标记（或用铅笔打一问号）。对整部一审稿件编辑加工完成以后，下一步就进入对稿件存在的标记问题的修改环节，这也是消灭错误、校改文稿、调整内容、提高稿件水平的一个重要环节。

（二）结合具体问题，提出修改建议

一校稿编辑完成后，责任编辑根据整部书稿结构层次、文字内容上存在的问题，归纳整理出一份（A4一页纸）书稿存在的主要问题及修改注意事项，主要列明书稿中所谓的"硬伤"，对这类问题，在二校稿上务必要进行审核修改；对书稿中标出的所谓的"软伤"以及"疑似错误"也要认真核校修改。

下面是《城乡一体化蓝皮书：中国城乡一体化发展报告（2011）》一校稿完成后给作者的书稿修改建议。

（1）书稿中编辑标注的红笔问题（问号标识）一般是语句和词语有错误，或者是文理不通或者是文句不畅，请作者结合一校稿中的标注在二校稿上修改，修改后请对一校稿红笔问题（问号标识）做一处理。

(2) 书稿中标注的铅笔问题（铅笔问号），是编辑过程中感觉句子用语不准或文理不通的地方，请对铅笔问题核校修改。

(3) 请对编辑修改比较大的或者改动比较多的篇目文章重点审读。

(4) 对问题比较多的文章，请重点修改。如《总报告：2010年中国城乡一体化报告》、《青海省城乡一体化规划》，其存在的主要问题已在一校稿上注明，请认真修改。

(5) 书稿"实践篇"以后的各篇文章都缺少中文摘要和关键词，为保持全书的统一和皮书的规范，请注意查缺补漏。

(6) 本书稿缺主编、副主编和编委会名单，请返回二校样时补上。

(7) 本书的英文书名、封底文字（内容简介500字以内），返稿时请发至责任编辑电子邮箱。

(8) 如对编辑修改的地方认为不妥，也请直接对编辑修改的地方进行再修改，所有修改为了与编辑的修改有所区别，请用黑色或蓝色笔。

(9) 请作者直接在二校样文字稿上修改，如有大的改动也可以用打印的纸条贴在文字稿上，并将修改部分发至责任编辑电子邮箱。

(10) 修改稿请于＿＿月＿＿日之前返回。

联系方式：办公室电话：＿＿＿＿＿＿手机：＿＿＿＿＿＿责任编辑：＿＿＿＿＿＿

《中国商品市场发展报告（2011）》书稿修改建议。

(1) 请直接在二校样文字稿上修改，如有大的改动也可以用打印的纸条贴在书稿上。

(2) 书稿中编辑标注的红笔问号问题一般是文理不通或语句错误，请修改后对问号做一处理。

(3) 书稿中标注的铅笔问号问题，是编辑过程中感觉句子表述不清或用语不准，请修改后对铅笔问号做一处理。

(4) 请对编辑修改比较大的或者改动比较多的篇目文章重点修改。

(5) 因专业知识所限，对编辑修改的地方如认为不对或不妥或有不同意见，也请直接对编辑修改的地方进行修改，所有修改为了与编辑的修改有所区别，请用黑色或蓝色笔修改。

(6) 比较重要的具体问题：总报告中，编辑把第一至第三部分改为总报告中的一、二、三，请核。

(7) B9《江苏省批发市场发展现状及对策研究》一文中，正文中和图中的数字是何年交代不详，其他改动也较多，请作者重点核校。

(8) B10《交易效率、运输成本、产业集群与中心市场生成》一文中，正文与脚注矛盾、不对应，请作者核校。

(9) B14《中国生猪市场发展存在的问题及对策分析》一文，部分图与正文没有联系，图文脱节，图要与正文结合起来。

(10) B38一文在目录上的文章名，是成都富森美家具股份有限公司，正文是山东怡景丽家市场，是否已经替换，请核对。

(11) 修改稿请于____月____日之前返回。

联系方式：手机：_____办公室：_____责任编辑：_____

结合上面两篇书稿修改建议做一简要总结。编辑提出的修改建议一定要具体，切忌空泛，要一目了然，要求作者重点修改哪些地方，一般关注什么问题要交代清楚。在吃透书稿内容的基础上，按照出版要求，给作者提出的修改意见和建议，绝大部分作者会重视的，并也会尊重编辑的劳动，认真对待、认真修改。

（三）采取面谈形式，补充完善提高

只要条件具备，邀请作者当面商谈稿件修改会取得事半功倍的效果。一审稿件编辑完成后，责任编辑总结归纳出稿件存在的问题后，与作者当面商谈稿件主要修改事项及要求，比单纯地把稿件寄给作者，或者电话、邮件沟通修改效果要好得多。一是邀请作者面谈，结合编辑完成后归纳整理的修改建议，对书稿存在的问题，讲得会比较具体，哪些地方一般修改，哪些地方重点关注，作者非常清楚，对问题的处理针对性也会更强，修改会更到位。二是邀请作者面谈，增强了亲和力，也为今后保持作者资源做有益的铺垫。更为重要的是，皮书一般是连续出版，其负责书稿的主要组织人员，一般也具有相对稳定性，如果面谈书稿存在的问题及修改意见，对今后的书稿组织避免出现同类问题，使之更加规范，符合皮书出版要求，也会起到积极作用。

在全面把握稿件内容的基础上，按照编辑规范和出版要求，给作者提出中肯的修改意见和建议，使作者修改有章可循、有"法"可依，做到作者对提出的问题有较高的认可度，达到编辑一本书稿，结交一个好的作者的效果。做好了与作者沟通这一提高并保证书稿质量重要环节的工作，善于"借力"，才能使所修改的书稿内容既是作者真实意思的表达，也符合编辑出版规范，达到出版社、作者、编辑"三个满意"的效果。

三 书稿编辑整理应注意的问题

皮书书稿经过三审三校,进入出版前的最后环节,这时对书稿进行最后的编辑整理,不仅能减少甚至避免错误,而且也是提升书稿质量的重要环节。应注重以下几个环节。

(一)对各个校次存在的问题做最后的处理

书稿中标出的比较棘手的问题或者未解决的遗留问题都要进行最后梳理,特别是对一校稿中作者还未处理或未核实的问题,都要最终予以解决。如果把一校稿中标出的有待解决的问题假设为10个,通过二校、三校稿到最后只剩下两个待解决的问题,那么最后的编辑整理就要把这两个问题处理好,解决完,尽量不留遗憾。

(二)对"黑马"校对软件使用中部分词汇的掌握

"黑马"校对软件在一定程度上能起到协助查找错词错字的作用,但是它只是起到拾遗补阙的作用,有些词汇的标出起到的只是提示性作用,往往不具太多的参考意义,比如,标识与标志、制定与制订的用法等,还需要根据具体的语意来区别使用。还有"黑马"软件对一些词汇的建议使用,往往非常固化,没有根据汉语词汇丰富的特点来灵活搭配。比如,"共识"的搭配,"黑马"建议固化的推荐用法就是"达成共识",而不建议用"形成共识"。实际上,这两者之间如何使用还是应该有区别的。一般意义上的"达成共识"一是用于比较庄重的场合,如外交谈判、各种形式的会谈等；二是参与的几方在数量上是确定的，如，"朝鲜半岛问题六方会谈达成共识"、"甲乙丙三方商业谈判达成共识"等。而一般意义上的"形成共识"一是适用的场合比较随意或氛围轻松；二是在具体所指数量上是不确定的，如，"只有全民对中国式过马路的危害形成共识，才能从根本上治理这一现象。"等等。另外，"功夫"与"工夫"，"黑马"建议都用"工夫"，实际上这两者之间也是有区别的，也应该根据不同的语言环境区别使用。总之，对"黑马"标出的问题要做具体分析，既不能不予重视，也不能"照单全收"，而应该根据语意作出恰当的判断。

（三）对外校稿问题的处理

皮书书稿二校稿以后一般都要发外校进行核红和通读，这也是保证书稿质量的一个重要环节。当书稿外校稿返回以后，首先应该审查外校提出的书稿共性的问题，比如书稿中专业词汇的前后统一问题，量词单位的统一规范问题，等等。其次要结合"黑马"标出的错误，对外校的修改进行确认，作出准确的选择。

在编辑过程中，对皮书书稿的编辑整理实际上是把"黑马"查找的差错、外校稿中提出的问题和各校次存在的遗留问题结合起来处理的，但有时也可以分别进行，这要根据编辑的习惯。总之，经过最后的统筹修改，使书稿更加符合皮书规范，达到出版要求。

编辑实践中，各位同仁一定有更好的方法和经验，在此权当是抛砖引玉吧。

以父母之心,塑造皮书的完美性格

蔡莎莎[*]

摘　要：皮书,是出版领域中逐渐被寄予厚望的一个成员。对于皮书来讲,品质是编写的第一要务。编者当以父母之心,塑造皮书的完美性格。皮书的性格,决定了其社会地位,也决定了其未来走向。皮书的性格中,应包含诚实、理性、担当、关怀、温情的美德。

关键词：皮书　诚实　理性　担当　关怀　温情

皮书,这位出版形态中的独特成员,自孕育、诞生伊始,即被寄予厚望。她血统正宗,源于中国社会科学院高级智囊团;她身出名门,社会科学院隶属出版社社会科学文献出版社倾力打造;她影响力广泛,一系列报告的发布越来越引起社会的普遍关注;她潜力巨大,正以生机勃勃之势占据着智库报告的前沿。

---

[*] 蔡莎莎,社会科学文献出版社经济与管理出版中心编辑。

品质是编好皮书的第一要务。对于出版人，皮书就是自己的孩子。一本本皮书，倾注了出版人太多的心血，也承载了出版人莫大的期望，可以说，无论怎样苦心经营都不为过。为了提高品质，保证其发展的可持续性，我们在发展之时，并不急于产品线的扩张，而是积极听取社会多方反馈，大力提高皮书品质，主动削减部分品质有缺陷的皮书。此举为我们赢得口碑，维护了皮书良好的社会声誉。

既然将皮书视作一个充满希望和可塑性的孩子，那么，编者当有父母之心。皮书的品质、性格、发展……都是出版人应当深思熟虑的，也是出版人责无旁贷的。人常言，性格决定命运。皮书也是有性格的，皮书的性格，决定了其社会地位，也决定了其未来走向。皮书的性格中，应该包含以下几种美德。

一　诚实

诚实是皮书的第一品格。皮书的诚实体现在其客观性上，可以说，皮书的客观性决定了它的可信度。有一说一，让事实说话，中立而不偏听，真实而不妄言。不虚构，不杜撰，不夸大，不压制。

先举一个真实的例子。2013 年春，笔者有幸参加《气候变化绿皮书》的统稿会，课题组数位成员就本年度绿皮书的内容与结构进行初次交流。席间，A 专家提出，今年气候变化的社会热点中是不是该说一下北京的雾霾？B 专家质疑：谈雾霾就离不开 PM2.5，就离不开谈治理，而对于这个问题，中国目前的相关研究进展有限，甚至尚无定论，做文章恐怕也说不透，与其说不透就不如不说，干吗让读者有如隔靴搔痒。最后，C专家提议，既然社会关注，就一定要谈。至于学界的研究还未见底，索性研究到哪一步，就探讨到哪一层，让读者知道相关领域的研究进展也是好事。三位专家都是令人敬佩的，因为他们都本着诚实的态度，客观地关注社会热点，客观地看待学界的不足，也客观地展现研究的进展。

作为一名编辑，也数次遇到读者来电质疑某皮书某页某数据的准确性。可见，即便是再不起眼的一个数据，也有人关注它。很多时候，读者在写论文时，自然而然地将我们的皮书作为第一手资料去引用、去参考。

一次，一名细心的编辑在审稿时发现，某个建立在调查基础上的数据与附录中的国家统计年鉴不符，她立即与皮书编写组联系。只为一个小小的数据，沟通的电话不下10个。其实，无论是调查数据，还是统计年鉴，都没有错误，误差出在统计口径上。虽然出版时间紧，但皮书编写组仍然很认真，详细地在书稿中加注了数据前后不一致的原因。这样的编辑、这样的编写组，这样的编书精神，呈现给读者的，便是一部诚实客观的皮书。读者不会因数据的自相矛盾而产生费解，更不会因皮书的不严谨而对皮书产生信任危机。

二 理性

皮书不是街头小报，可以毫不负责地散布言论、传播观点。皮书应当比任何出版物都要理性。皮书的编者，脑中要有根紧绷的弦，嘴上有个把门的栓。什么事能讲，什么事不能讲，什么话该说，什么话不该说，都要把握好分寸。

人们通常认为，感性是不成熟的表现。这句话用于皮书也再合适不过。皮书走向成熟，要避免两种倾向：一种是泄密，另一种是情绪化。

出版业有条公理：知识无国界，出版有纪律。有的作者来自国家高端研究机构，手中掌握着大量有价值的资料，作起文章来有理有据，但偏偏没心没肺，无论是"家珍"还是"家丑"，一股脑地倾泻于笔端。但是，出版物毕竟不同于低声耳语，它是向风喊话，是要广泛传播的。一次，编辑在某本皮书中发现有一个涉及双边关系的话题，作者在调研的基础上，掌握了大量的论据，于是便将中国私下里的立场与内心想法言无不尽地写了出来。好在责任编辑有着职业敏感度，及时提醒了作者，撤换了文章，否则将授人以柄，徒增麻烦。

皮书家族中的很多成员，目前已能够成功地预测行业发展态势，成为领域内的"风向标"，所以皮书更要理性地负起舆论导向的责任，不能带有编写人员个人情绪的观点，将不负责的言论加以传播。有的作者，社会地位和专业水准都很高，偏偏有点"愤青"情绪，爱在文章中夹带几句牢骚，一不小心，将个人的情绪变成了皮书的情绪。皮书一旦有了情绪，开始乱发脾气，便不再客观，便不再理性，读者对她的信赖程度便会大打折扣。

三　担当

皮书应该是勇于担当的。她权威，这种权威，来自国家高级智囊团体对社会、经济等各领域发展状况的敏锐洞察与深度剖析。皮书在立项之初，便对作者提出了很高的要求。皮书的作者，有的来自中国社会科学院研究所，有的来自高校，还有的来自行业领域的研究机构。他们在各自的研究领域，小有成果与建树。一句话，皮书所折射的，是中国最高权威研究机构的智慧。再加上她在社会科学文献出版社这样一个高端学术平台上成长，可谓占尽了资源优势与品牌优势。

目前，以《经济蓝皮书》为代表的一批优秀皮书，已跨出国门，译成多个语种，做到了在海外同步发行。随着中国成为世界第二大经济体，世界的目光越来越多地聚焦在这个高速发展的国家，越来越多的境外人士渴望了解中国。这对于皮书的发展来说，既是机遇，又是挑战。

机遇来临，皮书应该有担当的勇气。皮书要承载"报道中国"的职能，她在海外的发行，为世界了解中国打开了一扇窗，让更多的人看到了这个新兴经济体在经济、社会等各领域的发展与进步。国内为领域发声，国外为中国代言，皮书的责任不可小觑。挑战往往与机遇相伴而来，皮书更要具备担当的能力。与世界上最有影响力的几大权威报告如《人类发展报告》《世界发展报告》《全球竞争力报告》等相比，我们的皮书还有不小的差距，如作者的权威性、资料的价值性、传播的广泛性等。中国的皮书何时才能在国际报告家族中占有一席，可谓任重而道远。

四　关怀

皮书之"蓝"不是冷酷的颜色，她当有蓝天的博大胸怀与大海的深邃眼眸。

皮书当以关注天下为己任，有"先天下之忧而忧"的情怀。皮书所关注的，不仅仅是花团锦簇的景点、歌功颂德的亮点、赚取眼球的热点，还要更多关注矛盾集中的焦点、管理整治的难点，甚至研究领域的盲点。皮书关怀的层面，决定了她所能到达的深度；皮书关怀的内容，决定了读者圈的半径。

编辑皮书这些年，接触过很多皮书。有的皮书轻车熟路，总报告上来便是"形势一片大好"，提到问题与挑战时，要么改辕绕过，要么隔靴搔痒，唯恐破坏了全书的和谐局面。询问主编，主编只言"力量有限"，对此问题"研究不深"。其实，不是"力量有限"，扬扬洒洒几万言，成果已待付梓，研究力量实属不弱，只因对于负面的东西，并没有感同身受罢了，缺乏忧国忧民的关怀罢了。这样的皮书，如同喜鹊，报喜不报忧，叫得再喜庆，听多也腻，可持续性堪忧。

五　温情

对于孩子，父母会培养他积极的人格，教他学会仁爱、懂得感恩。长大即便不能济世，也能爱人。皮书固然应当客观、中立，然而，如果仅仅是事实与对事实的解读，未免有些"麻木不仁"。事实的背后，应当有必要的喜怒哀乐，传递出智囊团给予社会的正能量。

柴静在她的《看见》一书中，提到她的节目中有一个曾经引起很大争议的镜头——她在一次采访中，蹲下来替被采访者拭泪，有人认为记者的感情破坏了新闻的客观性和中立性，甚至是不是"表演性采访"。且不评论记者是否可以在节目中流露自己的情感,先看另一名记者在做地震专题报道时,面无表情地反复追问一位刚刚失去亲人的幸存者,你的感受如何如何。对比一下,哪一个画面更能体现社会对于人性的关怀,使观众得到鼓舞?

不偏不倚,不是要让皮书变得没有情感;客观中立,也不是让皮书变得冷若冰霜。皮书应该有常人的温度,有常人的情感。当然,过分抒情甚至煽情,也不是皮书的性格。

先天下之忧而忧,忧而不悲情;后天下之乐而乐,乐而不陶醉。皮书的温度,37℃刚刚好。

皮书报告关键词选取问题探讨

张艳丽[*]

摘　要：关键词是对皮书研究报告核心内容、思想观点和论证方法的概括和提炼，关键词的选取应符合一定的规范和原则。而目前一些皮书研究报告的关键词选取较随意，出现诸多问题，其中包括关键词不能准确反映主题内容、用词不规范，漏选、多选关键词，组词不当等，从而影响皮书研究报告的价值和有效传播。为了进一步提升皮书质量和不断加强皮书研究规范，本文首先对关键词的内涵和作用、抽取标准进行了论述；其次，对关键词使用的有关规定进行了说明；最后，对皮书研究报告关键词出现的问题进行了总结，并对如何准确选取关键词提出了针对性的建议。

关键词：皮书研究报告　关键词选取　选取方式

---

[*] 张艳丽，博士，社会科学文献出版社皮书研究院研究人员。

皮书研创与智库建设

引 言

自20世纪90年代末推出的以经济蓝皮书为开端的皮书系列以来，皮书已经成为社会科学文献出版社的重要图书品牌。为了不断提升皮书质量，社会科学文献出版社从选题立项、编辑出版、评价评奖到品牌推广的各个环节都进行了规范。其中，皮书研究报告中关键词的选取是提升皮书质量以及检索量的一个重要环节。但从目前的皮书研究报告看，由于部分作者以及编辑对于关键词的作用和正确选取方法不甚了解，导致在抽取关键词时感到困难，造成所抽取的关键词并不规范，抽取的关键词不能够正确反映研究报告的核心内容、思想观点和论证方法。随着时代的发展，为了满足数字化时代的阅读要求，社会科学文献出版社基于皮书系列图书开发了皮书数据库这一重要数字产品。皮书数据库可以通过关键字等基本信息进行检索，并对检索到的篇章进行在线阅读或下载，文件下载后可进行全文检索。皮书研究报告关键词的标引愈发凸显其重要性。

因此，本文基于关键词的重要性，对关键词的内涵和作用、抽取标准以及关键词使用的有关规定进行了说明，并对如何准确选取关键词提出了针对性的建议，为一进步提升皮书质量提供借鉴。

一 关键词的内涵和作用

（一）关键词的内涵

皮书研究报告的关键词是指能够反映研究报告学科主要

特征的实意词，出现在研究报告的篇名、章节名、摘要和正文中，能表征其主题内容的具有实质意义的词语，亦即对揭示和描述主题内容而言是重要的、带有关键性的实意词或实意短语。同时，关键词的选择又要符合一定的规范原则，便于信息检索。关键词包括主题词和自由词两类。主题词是指《汉语主题词表》等专业词表中列出的经过规范化处理的词，自由词则是从研究报告中直接选取的未经过规范化处理的词或词组。

（二）关键词的作用

（1）反映主题内容。关键词能鲜明而直观地表达皮书研究报告表述的主题，使读者在未看皮书的摘要和正文之前，便能一目了然地明确皮书研究主题。

（2）关键词的情报地位。关键词作为皮书数据库检索皮书的入口之一，其重要性主要表现在对皮书的检索和分类管理上。高质量的关键词可以使皮书查得"快、准、全"，皮书主题款目清晰；否则就可能漏检、错检，即查不到或查非所要，导致皮书报告利用率低、读者检索效率低、管理混乱。因此，关键词写得准确与否直接影响到皮书的检索率和引用率以及皮书的推广。

二　关键词的抽取标准

判断一组关键词是否合乎要求，应满足以下五条标准。

（1）实质性：应有最能体现该研究报告主题的词语。

（2）特殊性：应有最能体现该研究报告特色的词语。

（3）简明性：不出现同义词或近义词。

（4）完整性：该研究报告的每一项重要内容都有相应的关键词标引。一个关键词往往可标引几个内容，但一组关键词必需覆盖该研究报告的全部内容，不应遗漏。

（5）隶属性：能通过关键词显示该研究报告隶属的最小学科分支，如属跨类研究报告或交叉学科研究报告，该研究报告所属的几个学科分支都能被显示出来。

三　关键词使用的有关规定

20世纪90年代，国家科委、国家教委、国家新闻出版署、全国高等学校文科学报研究会、全国高等学校自然科学学报研究会等机构，相继颁发了一系列有关标准，如《科学技术报告、学位论文和学术论文的编写格式》（国家标准GB7713287）、《科学技术期刊编排格式》（国家标准GBPT3179292）、《文献叙词标引规则》（国家标准GBPT386021995）、《中国高等学校社会科学学报编排规范》（1990年试行，1996年第一次修订，1999年第二次修订）、《中国高等学校自然科学学报编排规范》（1993年试行，1998年修订）、《〈中国学术期刊（光盘版）〉检索与评价数据规范（试行）》（1999）等，这些标准和规范都对关键词的作用、标引原则和编排方式做了阐释和规定。皮书研究报告关键词的选择应按照以上标准执行。

四 皮书研究报告关键词选取常见问题

（一）关键词选取数量

目前，皮书研究报告的关键词数量不一，或数量太少，不能完全体现研究报告的主题内容，或数量过多，重复表达研究报告的主要思想。因此，建议研究报告关键词最多不超过5个，最少也不低于3个。关键词之间用分号";"隔开，置于摘要内容下方、正文上方。选取时，既要能把文献定位于某一特定的类别，又要能充分准确地揭示研究报告的主题。

（二）关键词排序

关键词的排序应清楚明晰、主次分明、层层深入地反映研究报告主题。目前，部分皮书研究报告关键词忽视了排序问题，仅仅把抽取的关键词简单罗列。因此，建议皮书作者把反映皮书研究报告研究目的、对象、范围、方法、过程等内容的关键词放置于前，反映研究结果、意义等的关键词放置在后。表达同一范畴的概念和意义紧密相连的关键词，一般要相对集中。既要能把文献定位于某一特定的类别，又要能充分揭示文献的主题。

（三）关键词选词范围

皮书研究报告的关键词选取应尽可能选用《汉语主题词表》等专业词表中所提供的规范词，《汉语主题词表》中没有的词，可以根据内容提炼。

(四)关键词选词内容

目前,皮书研究报告作者在选取关键词时多数是从题名中抽取,忽略了对研究报告中包含的隐含概念的凝练。关键词应将研究报告的主题概念表达全面,不仅要在研究报告的题名和摘要中抽取,还应分析出研究报告所包含的隐含概念,使选取的关键词既能全面地反映研究报告的整体内容。同时,有些皮书还存在不能正确把握关键词与报告内容的关系,选取的关键词没有抓住报告内容的关键所在,没有揭示研究报告的主题,偏离主题内容等问题,因而不能标引出准确的、能反映研究报告主题的关键词。

因此,建议在皮书研究报告选词时,注意从多方位考虑,不拘泥于研究报告题名的范围,全面准确地反映皮书研究内容。

(五)关键词词性

皮书研究报告关键词词性的选择对准确抽取关键词至关重要,下面对关键词的词性进行具体说明,并列举皮书研究报告中出现的词性有误的关键词作为例子来进一步说明。

皮书研究报告的关键词选取应采用名词或动名词,不能用形容词以及无实际检索意义的量词、冠词、虚词、介词、连词、代词、副词、形容词、感叹词等。一些表示时间的词也不能作为关键词,比如"新时期""转型期""2011年""十年"等。

避免使用词义宽泛的"通用词"。如"理论""模型""研究""分析""方法""对策""规划""探讨""影响""现状""性质""问题""途径""特点""目的""发展""现象""展望""预测""评价""建议""状况""对策建议""增长""研究报告"等。这些通用词并不具有实质意义，在检索中是没有检索意义的泛指词，在皮书数据库中以这些词进行检索，会出现大量与皮书研究报告主题无关的内容，使检索失去意义。

同义词和近义词不能并列为关键词，应从中选择比较通用的、概括的一个词；反义词和否定词不作为关键词，一般选用正面词、肯定词作为关键词。

关键词不能用短句或词组。如"中国经济的减速与转型"是句子结构，不能直接用作关键词。

一些通用的缩略语可直接用作关键词，比如"WTO"，但一般缩略词应以全称作为关键词，以免产生歧义。

（六）其他

数学公式不能用作关键词；人名一般不作关键词，但国际、国内有重要影响的人物可作关键词；县级以下地名不宜作关键词，但知名风景名胜的地名可作关键词。

五 结语

关键词是皮书研究报告的重要组成部分。但有很多作者和编辑对关键词的内涵不太了解或对关键词的选取没有引起足够重视，选取的关键词没有起到"关键词"应有的作用，从而影响皮书研究报告的有效价值。同时，随着皮书数据库的不断完善，皮书报告关键词选用是否恰当，关系到其被检索的概率和该成果的利用，直接影响到皮书研究报告的推广。因此，只有准确地选择关键词，才能充分准确、清楚地表述皮书研究报告的主题，使公开发表的皮书研究报告能更容易地从皮书数据库系统检索到，而增大被阅读和利用的机会，使皮书的有效价值得以体现。

参考文献

王昌度、熊云、徐金龙：《科技期刊论文关键词标引的问题与对策》，《编辑学报》2003年第15（5）期。

朱彩萍：《学术论文中关键词的规范》，《图书与情报》2005年第4期。

张建蓉、陈燕：《学术论文中关键词标引的常见问题剖析》，《编辑学报》2003年第15（2）期。

杨一琼：《学术论文的关键词标引》，《大学图书情报学刊》2004年第22（1）期。

马利：《社科学术论文中关键词的标引》，《中央民族大学学报（哲学社会科学版）》2007年第34（4）期。

邵永强：《学术论文中的关键词及其选取方法》，《现代情报》2003年第11期。

刘岱伟：《科技论文关键词的编辑加工》，《编辑学报》2004年第16（2）期。

钟伟金：《基于层层深入的关键词—叙词同义关系自动识别研究》，《情报科学》2013年第31（4）期。

陈红娟：《科技论文关键词选取》，《西安石油大学学报（自然科学版）》2011 年第 26（4）期。

邢美凤：《科技文献关键词冗余解决方案研究》，《现代图书情报技术》2012 年第 1 期。

汪湘：《学术论文关键词标引规范化问题探析》，《西安邮电学院学报》2008 年第 13（6）期。

附录

中国社会科学院皮书管理办法

2014年5月29日院务会议通过

为进一步加强皮书编撰、出版及发布工作的管理，提高皮书的学术水平和出版质量，制定本办法。

第一章 总 则

第一条 本办法所指皮书是由中国社会科学院院属单位组织编撰和院外机构组织编撰并由院授权使用"中国社会科学院创新工程学术出版项目"标识，对中国与世界发展状况和热点问题进行年度分析和预测的连续性公开出版物。

第二条 皮书编撰与出版应坚持正确的政治方向和学术导向，具有较高的学术水平和出版质量。

（一）皮书责任单位对皮书的政治方向、理论水平、学术规范、数据准确性、编撰时限负责。

（二）出版社对皮书出版质量、出版时限负责；落实"三审三校"制度，严把政治关、学术关和编校关。

第三条 科研局负责协调相关部门对皮书进行日常管理。

第二章　皮书资助

第四条　中国社会科学院对皮书择优实施后期资助，原则上每个单位资助1~2种，全院资助40种左右。后期资助经费包括研究经费、稿酬补贴和出版经费。

第五条　皮书获得后期资助应同时具备以下条件：

（一）院属单位组织编撰，由院内学者担任主编，是某一领域、门类或地域最新情况或前沿问题的研究报告，具有原创性、实证性、前瞻性、权威性、时效性。

（二）坚持正确的政治方向和学术导向，符合学术规范。

（三）已连续出版3年（含）以上，在院组织的皮书评价中排名前50位。

（四）社会反响好，能够体现本院学术水平。

第六条　每种皮书研究经费资助4万元／年，从科研专项业务经费中列支。研究经费拨付皮书责任单位，主要用于：

（一）召开组稿会、审稿会、研讨会等与皮书编撰有关的工作性会议。

（二）编撰过程中开展的调研活动。

（三）购买研究资料及相关数据。

支出标准按照院创新工程经费管理有关规定执行。

第七条　每种皮书稿酬补贴按200元／千字标准核算，最多不超过6万元／年，从科研专项业务经费中的学术出版经费中列支。稿酬补贴拨付皮书责任单位。每篇研究报告的稿酬补贴发放标准为500~3000元。

第八条　皮书出版经费拨付出版社，从院创新工程学术出版经费中列支，资助标准为：

（一）获得"优秀皮书奖"的皮书，每种资助 8 万元/年。

（二）综合评价排名前 30 位的皮书，每种资助 6 万元/年。

（三）综合评价排名前 50 位的皮书，每种资助 4 万元/年。

第九条 皮书研究经费和稿酬补贴申请、评审程序：

（一）皮书责任单位在皮书出版后提出申请。

（二）皮书学术评审委员会评审并投票表决，得票超过半数方可通过，并按得票数末位淘汰，淘汰率不低于 20%。

（三）科研局审核，提出经费资助额度。

（四）院务会议批准。

第十条 出版经费申请、评审程序：

（一）出版社依据皮书评奖和综合评价结果，提出皮书出版资助申请。

（二）皮书学术评审委员会评审并投票表决，提出是否资助的意见和建议，淘汰率不低于 10%。

（三）科研局审核，提出出版经费额度。

（四）院学术出版资助管理委员会审定。

（五）院务会议批准。

第三章　院外皮书使用创新工程标识

第十一条 中国社会科学院院外机构编撰的皮书，同时具备以下条件可申请使用"中国社会科学院创新工程学术出版项目"标识。

（一）政治导向正确、学术水平高、社会正面效应显著、符合学术规范、社会影响较大。

（二）遵守我院创新工程学术出版有关规定，并由院属出版社统一装帧、统一印制、统一发行。

（三）具有固定的责任单位和稳定的研究团队。

（四）已连续出版3年（含）以上。

（五）在皮书综合评价中排名连续3年进入前100位。

第十二条 院外皮书使用创新工程学术出版项目标识，每年申请、评审一次，程序为：

（一）皮书责任单位提出申请。

（二）院属出版社推荐。

（三）院皮书学术评审委员会评审并投票表决，得票超过半数方可通过，并按得票数末位淘汰，淘汰率不低于20%。

（四）科研局审核。

（五）院务会议批准。

第十三条 院外皮书使用创新工程学术出版项目标识，其编撰、出版等经费由皮书责任单位自筹，并保证在当年出版。

第十四条 院外皮书出现以下情况之一，停止使用创新工程学术出版项目标识：

（一）出现政治方向性问题。

（二）违反学术规范。

（三）出现图书编校质量问题。

（四）未能于规定时限出版。

（五）未履行皮书成果发布备案程序。

（六）缺少必要的经费支持，无法完成编撰及出版工作。

（七）其他有损创新工程学术出版项目声誉的情况。

第十五条 出版使用创新工程学术出版项目标识的院外皮书，其编撰机构须与中国社会科学院院属出版社签订出版协议。

第四章 皮书成果发布

第十六条 皮书成果发布应遵循宣传纪律，坚持正确的立场，遵守党的路线、方针、政策和国家的法律、法规。

第十七条 皮书成果发布应确保内容客观、论点正确、数据真实、资料可靠，符合学术规范，并提前十个工作日向科研局申报备案，程序为：

（一）皮书责任单位撰写皮书成果发布新闻稿、填写《皮书成果发布备案表》，经单位主要负责人批准后送出版社审核；

（二）出版社审核盖章，经出版社社长、总编签字后报分管院领导批准；

（三）科研局备案。

未履行皮书成果发布备案手续的，取消下一年度皮书研究经费、稿酬补贴和出版经费的申请资格；院外皮书取消使用创新工程学术出版项目标识资格。

第十八条 皮书成果发布一般以责任单位或课题组名义进行。未经院务会议批准，不得以中国社会科学院名义进行皮书成果发布。

第十九条 皮书成果发布实行三层审批责任制，三层责任者分别为皮书主编、研究所所长（或皮书责任单位主要领导）、出版社社长。各层责任人均要对皮书的政治方向、理论水平、研究方法、学术规范等方面进行审核并签字确认。

第二十条 皮书主编为皮书成果发布的第一责任人，研究所所长（皮书责任单位主要负责人）、出版社社长为皮书成果发布的共同责任人，对本单位皮书成果发布负有领导、审核和监管职责。对皮书成果发布把关不严造成不良社会影响的，要承担相应责任。

第二十一条 皮书成果发布的新闻稿由皮书责任单位组织撰写，经研究所所长（或皮书责任单位主要负责人）审定。

第二十二条 皮书成果发布会的主办单位有责任引导媒体准确报道，防止片面和断章取义的宣传报道。

第五章 附 则

第二十三条 本办法自院务会议通过之日起实施。

第二十四条 《中国社会科学院皮书资助规定（试行）》（社科〔2012〕研字127号）和2013年10月24日院务会议通过的"《中国社会科学院皮书资助规定（试行）》的若干说明"、《中国社会科学院皮书类成果发布管理办法（试行）》（社科〔2013〕研字83号）、《院外皮书使用中国社会科学院创新工程学术出版项目标识的规定》（社科〔2013〕文版字139号）等文件同时废止。

第二十五条 本办法由科研局负责解释。

社会科学文献出版社关于皮书准入与退出的若干规定（试行）

第一章 总则

第一条 为进一步提高皮书质量、规范皮书的准入与退出，制定本规定。

第二条 我社组织设立皮书评审委员会。皮书的准入与退出由皮书评审委员会管理，皮书研究院执行。

第二章 皮书的准入

第三条 皮书标准。只有全部达到下列各项皮书标准的图书，经审核通过后才能纳入我社皮书系列。

（一）皮书研创机构。皮书研创机构应以研究为主要业务，并在该研究领域具有权威性。

（二）皮书研创团队（课题组）。皮书研创必须成立可对本项目进行持续性研究的相对固定的课题组；研创团队成员应相对稳定。

（三）皮书主编。皮书主编应是本皮书所涉领域的权威学者（单位）。

（四）皮书作者。皮书总报告应由皮书主编或主要负责人亲自参与、执笔；分报告作者应涵盖本研究领域的主要知名专家。

（五）皮书内容。皮书应为资讯类产品，以数据分析为主要立论依据；皮书应具有明确的研究主题；皮书报告应原创，且为首发；皮书应使用实证、定量的研究方法；皮书应关注学术领域和社会前沿话题并及时发布。

（六）皮书体例。要件齐全，满足皮书特定的体例规范。

（七）皮书出版时间。分析、预测类皮书应在前一年的岁末或当年年初出版，行业类皮书的出版时间应结合行业年度重大活动的时间。

（八）皮书出版周期。皮书应周期性连续出版。每个出版周期的出版时间应相对固定。

第四条　皮书准入程序。研创团队（课题组）填写《皮书项目准入申报表》，提交我社责任编辑；经相应编辑业务部门（即分社、出版中心或同级别编辑部室）初审通过后，提交皮书评审委员会；皮书评审委员会复审通过后，提交编辑委员会；编辑委员会终审通过后，方可立项。

第五条　皮书准入管理。皮书立项后，纳入社会科学文献出版社皮书系列统一管理。有权使用皮书序列号，使用出版社针对皮书品牌打造的一切营销、推广平台，优先共享出版社其他学术资源。

第三章　皮书的退出

第六条　皮书的退出按照优胜劣汰的原则，以皮书标准和皮书评价结果为主要依据。

第七条　皮书的退出依据。出现下列情形之一的图书，退出我社皮书系列。

（一）图书达不到本规定第三条皮书标准的；

（二）未能按时出版：由于主编单位的原因导致皮书无法持续出版，或连续两个出版周期未能按时出版的；

（三）内容质量低下：凡内容评价总排名连续两年位列最后五名，且得分低于60分；或内容评价在分类排名连续两年（或五年内有三次）位列最后一名，且得分低于60分的；

（四）经济效益差且内容质量一般：凡定制类皮书，连续两年经济效益位列最后五名，且内容评价总排名位列后30位或分类排名位列后五位的；

（五）主题重复的皮书，以近几年的评价结果为主要依据，优胜劣汰。

第八条　皮书退出程序。对符合退出依据的皮书，由皮书评审委员会审定后，经编辑委员会批准，将其退出皮书系列。

第九条　被退出的相应皮书名称可由其他研创团队（课题组）使用，但须作为新皮书重新履行准入程序。

第十条　虽不符合退出依据，但出现如下情形之一的，皮书评审委员会将定期予以警告：

（一）未能按时出版；

（二）内容评价排名靠后；

（三）经济效益差且内容质量一般。

研创团队（课题组）须提交整改报告及时改正。

第四章　附则

第十一条　本规定由皮书研究院负责解释。

第十二条　本规定自2014年1月起施行。

社会科学文献出版社

2014年1月1日

社会科学文献出版社关于加强皮书编审工作的有关规定

第一条　为维护皮书作为以实证研究为主的应用对策性成果、作为对重大现实问题进行分析、监测的智库产品的形象，保障皮书的内容质量、社会影响力继续得到社会各界广泛认可并保障其学术规范和编辑质量的不断提升，防止因皮书品种数量增加、研究范围扩大出现的个别皮书质量低下导致的在发布后造成负面影响的现象，就加强皮书编审工作制定本规定。

第二条　皮书研创严格执行我社《皮书主编工作条例》，实行主编负责、研创单位负责人审核把关制。主编除了对学术质量进行把关审核外，还须对热点问题、敏感问题实施多级论证制度。

第三条　出版社严格执行选题论证制度、三审三校制度。

第四条　出版社严格执行《皮书编辑出版工作条例》，实行皮书责任编辑认证制度，取得皮书责任编辑资格的编辑每年必须参加由出版社组织的年审。

第五条 皮书责任编辑是皮书质量的第一责任人。皮书责任编辑在皮书的选题、组稿、编校、印制出版、宣传推广等方面应承担主要责任。皮书责任编辑应对稿件的热点、敏感问题认真审读，对把握不准的内容应在审读报告中提出，并在纸样上做出标示，提交二审（复审）、三审（终审）。

第六条 皮书二审（复审）编辑应在通读全书的基础上，重点审读全书热点问题、敏感部分，对皮书责任编辑的工作作出评价，解决其提出的问题。

第七条 皮书三审（终审）编辑应全面把握全书涉及敏感、热点内容，提出修改意见或建议，敦促皮书二审（复审）编辑和皮书责任编辑修改。

第八条 皮书出版后，因内容不当导致舆论争议，产生不良影响的，该皮书及责任编辑取消年度评优资格，皮书二审（复审）编辑、三审（终审）编辑按照我社相关规定承担相应责任。

第九条 根据皮书的内容特点，我社对部分皮书实行重点管理。凡列入重点审读名单的皮书（见附表），编辑业务部门（含分社、出版中心和同级别编辑部室）应选择经验丰富的皮书编辑担任责任编辑。皮书责任编辑应提前了解重点皮书的选题、提纲等内容。

第十条 皮书出版周期一般为50天。如因特殊情况需要加急的，由研创单位提出书面签字申请，并承担加急费用，编辑业务部门（含分社、出版中心和同级别编辑部室）负责人同意后方可执行。

第十一条 凡编辑提出修改意见，研创单位拒绝修改，导致图书出版后产生不良影响并由此造成经济损失的，由研创单位承担全部责任。对此种情况，皮书责任编辑应提交书面情况说明，由编辑业务部门（含分社、出版中心和同级别编辑部室）负责人、研创单位负责人签字，报出版社审批后，方可执行。

第十二条 本规定由皮书研究院负责解释，自发布之日起施行。

社会科学文献出版社
2014 年 4 月 2 日

附表：重点审读皮书书目（2014）

序号	丛书名	书名	主编	研创单位	备注
1	经济蓝皮书	2014年中国经济形势分析与预测	李 扬	中国社会科学院	
2	社会蓝皮书	2014年中国社会形势分析与预测	李培林 陈光金 张 翼	中国社会科学院	
3	国际形势黄皮书	全球政治与安全报告（2014）	李慎明 张宇燕	中国社会科学院	
4	法治蓝皮书	中国法治发展报告 No.12（2014）	李 林 田 禾	中国社会科学院	
5	反腐倡廉蓝皮书	中国反腐倡廉建设报告 No.3	中国社会科学院中国廉政研究中心	中国社会科学院	
6	社会心态蓝皮书	2014年中国社会心态研究报告	王俊秀 杨宜音	中国社会科学院	
7	政治参与蓝皮书	中国政治参与报告（2014）	房 宁	中国社会科学院	
8	政治发展蓝皮书	中国政治发展报告（2014）	房 宁 杨海蛟	中国社会科学院	
9	宗教蓝皮书	中国宗教报告（2014）	金 泽 邱永辉	中国社会科学院	
10	日本蓝皮书	日本发展报告（2014）	李 薇	中国社会科学院	
11	亚太蓝皮书	亚太地区发展报告（2014）	李向阳	中国社会科学院	
12	新媒体蓝皮书	中国新媒体发展报告 No.5（2014）	唐绪军	中国社会科学院	
13	房地产蓝皮书	中国房地产发展报告 No.11	魏后凯 李景国	中国社会科学院	

续表

序号	丛书名	书名	主编	研创单位	备注
14	行政改革蓝皮书	中国行政体制改革报告（2014）No.3	魏礼群	国家行政学院	
15	舆情蓝皮书	中国社会舆情与危机管理报告（2014）	谢耘耕	上海交通大学人文艺术研究院	
16	教育蓝皮书	中国教育发展报告（2014）	杨东平	21世纪教育研究院	
17	社会体制改革蓝皮书	中国社会体制改革报告（2014）No.2	龚维斌	国家行政学院	
18	全球环境竞争力绿皮书	全球环境竞争力发展报告（2013）	李建平 王金南	福建师范大学	
19	东北亚黄皮书	东北亚地区政治与安全（2014）	黄凤志 张慧智 刘清才	吉林大学行政学院	
20	东南亚蓝皮书	东南亚地区发展报告（2013~2014）	王勤	厦门大学东南亚研究中心	首次出版

245

社会科学文献出版社皮书责任编辑管理规定

第一章 总则

第一条 为保障皮书质量与效益,完善皮书责任编辑管理工作,制定本规定。

第二条 皮书编审工作必须由获得皮书责任编辑资格者担任。皮书责任编辑应符合本规定的资格要求。

第三条 皮书责任编辑是皮书编审质量的第一责任人。皮书责任编辑负责审稿,承担内容控制的责任。

第二章 资格要求与资格申请

第四条 皮书责任编辑必须满足以下要求:

(一)具有中级及以上职称和责任编辑资格;

（二）具有三年及以上编辑工作经验；

（三）经过皮书编辑培训；

（四）上一年度岗位考核为合格；

（五）按"专业化"原则，在本人研究专业范围内编稿。

第五条 皮书责任编辑资格申请流程应符合我社相关要求。

申请皮书编辑资格者需由个人填写《皮书编辑申请表》（纸质及电子版各一份），提供彩色照片1张。皮书编辑申请表由编辑业务部门（即分社、出版中心或同级别编辑部室）负责人签署意见后，每月上旬报人力资源部初审。

人力资源部将初审通过的材料于每月中旬上报社编辑委员会，社编辑委员会通过会议讨论或签批意见等方式进行审议。

人力资源部在接到社编辑委员会审议结果后，在内网公示。

第六条 不满三年编辑工作经验的，特别优秀的编辑可填写"皮书编辑申请表"，由编辑业务部门（即分社、出版中心或同级别编辑部室）负责人签署推荐意见后，按本规定第五条的流程进行申请。

第三章　岗位职责

第七条 皮书责任编辑是皮书编审质量的第一责任人，应对皮书的编审质量负主要责任；应协助负责皮书准入材料的提供；应负责皮书的选题登记、发稿等信息生产过程。

第八条 皮书责任编辑应参与皮书生产各流程：与主任、项目负责人、作者、总编室、市场部（学术传播中心）、发行部、物流中心、出版部、编审室、美术部等相关人员进行沟通，参与皮书生产的流程。

第九条 皮书责任编辑应协助参与本人编辑皮书品牌的推广工作；参与皮书相关文案及营销宣传文案的撰写。

第十条 皮书责任编辑应参与皮书相关会议的筹备工作；协助参与负责皮书奖项的申报工作；协助处理外文版皮书的相关工作。

第四章 培训与考核

第十一条 凡具有皮书责任编辑资格者，每年至少参加一次皮书编辑培训。

第十二条 每年年底对皮书责任编辑进行考核，奖优罚劣。

第十三条 对于合作编辑的皮书，只考核第一责任编辑。

第十四条 皮书责任编辑考核工作由人力资源部负责组织，皮书研究院负责实施。

第十五条 皮书责任编辑主要考核印前质检、印后质检、内容评价、皮书推广四个一级指标。同时，参加"走出去"项目、发布或公开发表皮书研究报告、当年皮书销售金额同比实现增长的，可以给予相应加分。

第十六条 考核结果分为四个等级：优秀为85分及以上；良好为75~84分；合格为60~74分；不合格为60分以下。

第五章 奖惩办法

第十七条 奖励。皮书责任编辑考核优秀奖励5000元、良好奖励3000元。凡皮书编辑考核优秀者,可参照社优秀编辑奖励办法享受相应奖励待遇。

第十八条 惩罚。皮书责任编辑考核不合格或者一年内其所编皮书一本印后质检不合格,取消优秀编辑评选资格;考核不合格或者一年内其所编皮书两本印后质检不合格,取消皮书责任编辑资格一年,一年后如需再次从事皮书编辑工作,应重新申请。

第六章 附则

第十九条 本规定自发布之日起施行,原2013年10月发布的《社会科学文献出版社皮书编辑管理规定》同时废止。

第二十条 本规定由皮书研究院、总编室、人力资源部负责解释。

社会科学文献出版社
2014年4月2日

第三届皮书学术评审委员会委员名单

主　任：李　扬（中国社会科学院副院长）
副主任：谢寿光（社会科学文献出版社社长）
委　员：（按姓氏笔画排序）
　　　　马　援（中国社会科学院科研局局长）
　　　　王利民（中国社会科学院中国社会科学杂志副总
　　　　　　　编辑）
　　　　尹　鸿（清华大学新闻与传播学院常务副院长）
　　　　卢新宁（人民日报编委、评论部主任）
　　　　冯　军（山东省司法厅副厅长）
　　　　冯仲平（中国现代国际关系研究院副院长）
　　　　邬书林（国家新闻出版广电总局原副局长、中国
　　　　　　　出版协会常务副理事长）
　　　　庄国土（厦门大学南洋研究院院长、东南亚研究

中心主任)

齐　晔(清华大学公共管理学院教授,清华－布鲁金斯公共政策研究中心主任)

齐勇峰(中国传媒大学文化发展研究院学术委员会主任)

祁述裕(国家行政学院社会和文化教研部主任)

李　平(中国社会科学院数量经济与技术经济研究所所长)

李　林(中国社会科学院法学研究所所长)

李　颖(工业和信息化部软件服务业司巡视员)

李友梅(上海大学副校长)

李永全(中国社会科学院俄罗斯与东欧中亚研究所所长)

李向军(光明日报理论部主任)

李安山(北京大学国际关系学院非洲研究中心主任)

李国强(国务院发展研究中心公共管理与人力资源研究所副所长)

肖　宪(云南大学副校长)

肖金成(国家发展和改革委员会国土开发与地区经济研究所所长)

时和兴(国家行政学院公共管理教研部副主任)

吴　江(中国人事科学研究院院长)

吴大华(贵州省社会科学院院长)

吴白乙(中国社会科学院拉丁美洲研究所所长)

吴信训（上海大学中国艺术产业研究院院长）
沈　原（清华大学社会学系主任）
沈雁南（中国社会科学院欧洲研究所编审）
张小劲（清华大学政治学系主任）
张占斌（国家行政学院经济学教研部主任）
张宇燕（中国社会科学院世界经济与政治研究所所长）
张晓明（中国社会科学院文化研究中心常务副主任）
陈　琪（清华大学社会科学学院副院长）
陈文学（中国社会科学院科研局副局长）
陈光金（中国社会科学院社会学研究所所长）
周蔚华（中国社会报社长兼总编辑）
赵忠秀（对外经贸大学副校长）
郝振省（中国新闻出版研究院原院长）
胡正荣（中国传媒大学副校长）
姜培茂（全国哲学社会科学规划办副主任）
高培勇（中国社会科学院财经战略研究院院长）
唐绪军（中国社会科学院新闻与传播研究所所长）
黄友义（中国外文出版发行事业局原副局长、总编辑）
黄益平（北京大学国家发展研究院副院长）
龚维斌（国家行政学院应急管理培训中心主任）
喻新安（河南省社会科学院院长）
焦玉良（中国经济导报副总编辑）
蔡　昉（中国社会科学院人口与劳动经济研究

所所长）

裴长洪（中国社会科学院经济研究所所长）

樊　杰（中国科学院可持续发展研究中心主任）

薛　澜（清华大学公共管理学院院长）

魏后凯（中国社会科学院城市发展与环境研究所副所长）

名词解释

1. 皮书

皮书是对中国与世界发展状况和热点问题进行年度监测，运用从专业的角度、专家的视野和实施研究方法，针对某一领域或区域现状与发展态势展开分析和预测，具备权威性、前沿性、原创性、实证性、时效性等特点的连续性公开出版物，由一系列权威研究报告组成。

2. 皮书系列

皮书系列是社会科学文献出版社编辑出版的蓝皮书、绿皮书、黄皮书等年度专题研究报告的统称。

3. 蓝皮书

社会科学文献出版社蓝皮书始于20世纪90年代初由中国社会科学院组织编写的《经济蓝皮书》《社会蓝皮书》，是我国社会科学工作者对中国和世界经济社会发展中已经发生、正在发生或有可能将要发生的重大事件、重大问题做出科学分析和预测的平台和载体。蓝色，象征着严谨与科学。蓝皮书是作为一种专业机构出版物，是专家发声的平台，这在国际上是通行的。

4. 绿皮书

社会科学文献出版社绿皮书主要研究的是发展和可持续相关议题，例如农村、旅游、生态和环境等。绿色，意味着生命与未来，关注人类的可持续发展，也是绿皮书的宗旨。

5. 黄皮书

社会科学文献出版社黄皮书主要研究的是国际类相关议题，如全球经济、国际政治等。但考虑到皮书发展历史的因素，部分国际问题类皮书目前延用蓝皮书。黄色，代表着开放与包容，关注国际问题的研究，是黄皮书的宗旨。

6. 内容重复率

皮书内容重复率是指皮书正文中引用政府公文、媒体报道、他人论文、著作，作者本人已发表或部分发表报告的字数占该报告总字数的百分比。

7. 皮书序列号

皮书序列号是记录皮书出版品种及信息的特定代码，是出版社适应数字时代的出版要求，规范皮书分类信息，为单品种皮书建立的数据代号。这不仅有利于皮书基础信息的整理、分析，还有利于皮书整体品牌的规范管理。

8. 皮书综合评价指标体系

皮书综合评价指标体系，是由社会科学文献出版社皮书研究院根据皮书特性构建、由皮书专家和资深媒体论证而形成的人文社会科学成果评价指标体系。该体系主要包括内容评价指标和社会影响力指标（媒体影响力、咨政性、外文版等），是客观、科学、系统评价皮书内容质量、学术影响力、媒体影响力、国际影响力的重要依据，是皮书资助、皮书评奖和皮书淘汰的重要指标，同时也是社会科学文献出版社对我国人文社会科学成果评价的积极探索。

9. 皮书内容评价指标体系

皮书内容评价，是对皮书内容质量的定性分析和定量分析考查。该指标体系主要从皮书的课题价值及现实意义、科学性、实证性、创新性、前沿性、专业性、规范性、时效性、内容重复率等方面进行评价。此外，为了实现皮书评价的公平、客观，该评价体系根据学科分类和研究领域将皮书分为经济、社会政法、文化传媒、行业、地方发展、国别与地区六个大类，进行分类评价。

10. 皮书影响力指标体系

皮书媒体影响力评价，是对皮书的媒体影响力和社会关注度进行评价分析，它是皮书社会影响力评价中的主要内容。该指标体系从皮书的传统媒体影响力、新媒体影响力、学术期刊影响力等方面全面考察皮书的影响力，掌握皮书的舆情动态，并为如何扩大皮书影响力提供分析依据。

皮书大事记（1989～2014年）

1989年，经济学家刘国光、李京文倡导采用经济模型对中国经济运行状况进行分析，之后将研究成果印制报送相关部门，因封面为蓝色，得名蓝皮书。

1991年，按照江泽民总书记等中央领导接见中国社会科学院领导和部分专家学者时对社会科学院科研工作的指示精神，"中国经济形势分析与预测"课题组成立，李鹏总理从总理预备金中拨付专项经费。"中国经济形势分析与预测"课题组的研究成果在国内外产生了重大影响，为中央宏观经济决策提供了科学的参考依据。

1991年底，《1992年：中国经济形势分析与预测》公开出版发行，开启皮书出版之路。

1997年9月，谢寿光调入中国社会科学院社会科学文献出版社，任副社长兼副总编，主持日常工作。

1997 年 12 月，经济蓝皮书《1998 年中国经济形势分析与预测》由社会科学文献出版社出版发行，开启皮书市场化运作之路。

2000 年 8 月，"首届皮书工作会议"在辽宁葫芦岛市召开，由辽宁省社会科学院、中共葫芦岛市委市政府承办，首开皮书工作研讨会先河。会议明确指出："社会上有各种各样的皮书质量参差不齐，需要制定皮书标准规范皮书出版。"

2001 年，"第二次皮书工作会议"在山东济南召开。

2002 年，"第三次皮书工作会议"在浙江湖州召开。

2002 年 11 月，社会科学文献出版社皮书事业部（后更名为皮书出版中心、皮书出版分社）成立，专门负责皮书的编辑与出版。

2003 年 9 月，由上海市社会科学院承办的"2003 年经济形势分析与预测暨全国蓝皮书年会"在上海召开，这是第四次皮书工作会议，会议的主要议题是探讨皮书的特征和特性问题以及如何进一步科学规范皮书。在本次会议上，谢寿光社长首次对皮书的定义进行了阐释。

2003 年 12 月，皮书首次开发出版数据库光盘（SSDB），光盘首先随 2004 年经济蓝皮书和社会蓝皮书免费赠送，此后每册皮书均免费附带光盘。该光盘实现了不同年份图书的智能累加与检索，大大提高了皮书使用的便捷性。

2004 年，"第五次皮书工作会议"在黑龙江哈尔滨召开。

2005 年 5 月 19 日，中国社会科学院党组向中共中央常委汇报工作时，将社会科学文献出版社的皮书作为值得提及的贡献，皮书成为中国社会科学院的学术品牌。

2005年8月，由河南省社会科学院承办的"第六次全国经济形势分析与预测暨蓝皮书工作研讨会"在河南郑州举行。

2005年12月，中国皮书网（www.pishu.cn）开通，为皮书的编创、出版、信息发布、媒体报道、读者查询购买等提供了一个全方位服务的平台。

2006年2月，皮书LOGO以及"经济蓝皮书""社会蓝皮书"等皮书名称在国家工商行政管理总局商标局登记注册，社会科学文献出版社合法拥有了其商标专用权。自2007年版皮书起，皮书开始刊登保护商标专有权的法律声明。

2006年8月，"第七次全国经济形势分析与预测暨蓝皮书工作会议"在陕西西安举行，本次会议由西北大学承办，这是皮书工作研讨会首次由大学主办。

2006年8月，社会科学文献出版社和具有330年历史的荷兰博睿（Brill）出版公司签订协议，由该公司出版皮书英文版。

2007年4月，第一本英文版皮书——《环境绿皮书》（英文版）由荷兰博睿（Brill）出版公司出版并在全球公开发行。

2007年7月，皮书数据库（个人用户版）建成并对外发布。

2007年8月，"2007年中国经济形势分析与预测暨第八次皮书工作研讨会"在深圳举行，会议提出，"皮书系列"已经成为一种新的出版形态。本次会议由深圳市社会科学院主办。

2007年11月，在CSSCI指导委员会第七次会议上，经过引文数据的定量评价和专家、学者的定性评价，社会蓝皮书名列来源集刊首位。

2008年5月，时任中国社会科学院常务副院长王伟光在听取社会科学文献出版社关于进一步加强皮书系列编写、出版工作的报告后指出，要把皮书系列品牌建设作为一个重要组成部分纳入我院哲学社会科学创新体系建设，把皮书系列打造成一个国家工程，为发挥社会科学院的思想库、智囊团作用开辟更广阔的路径，并鼓励开展皮书评奖活动。

2008年9月，"2008年中国经济社会形势分析与预测暨第九次皮书工作研讨会"在广西南宁举行，会议正式颁布了皮书系列准入标准，并发布了2008年皮书评价得分及排名。会议由广西社会科学院承办。

2008年10月，在由中国出版工作者协会、中国出版科学研究所组织的"2008全国出版业网站评选"中，中国皮书网荣获"最具商业价值网站奖"。

2009年1月，社会科学文献出版社皮书评价研究中心成立，这是出版业内成立的首家对一个图书品牌进行日常评价与发展研究的部门。

2009年5月，在第五届中国（深圳）国际文化产业博览会上，皮书数据库（机构用户版）正式发布。

2009年7月，在第三届中国数字出版博览会上，皮书数据库荣获"2008~2009年中国数字出版知名品牌"。

2009年8月，"2009年中国经济社会形势分析与预测暨第十次皮书工作研讨会"在辽宁丹东举行。这是继第一届之后，皮书工作研讨会又一次在辽宁召开，并再一次由辽宁省社会科学院主办。本次会议颁发了首届优秀皮书奖。

2009年8月，首届优秀皮书奖颁发。《农村经济绿皮书》《经济信息绿皮书》获得"最佳经济类皮书奖"，《法治蓝皮书》《教育蓝皮书》获得"最佳政法社会类皮书奖"，《世界经济黄皮书》《越南蓝皮书》获得"最佳国际类皮书奖"，《区域蓝皮书》《辽宁蓝皮书》获得"最佳区域类皮书奖"，《城市竞争力蓝皮书》《中国省域竞争力蓝皮书》获得"最佳影响力奖"，《经济蓝皮书》《社会蓝皮书》获得"最佳品牌奖"，《2009年中国大学生就业报告》《中国经济发展和体制改革报告No.1》《中国商业发展报告（2008～2009）》获得"2009年度皮书创新奖"。

2009年10月，由德国阿登纳基金会、社会科学文献出版社、荷兰博睿（Brill）出版社共同主办的中国著名学者汪同三、蔡昉学术演讲活动在法兰克福书展中国主题馆举行，皮书英文版参与展示。这是皮书系列作者向海外学术界及海外读者介绍中国经济发展与中国学术思想的一次重要活动。

2009年12月，从经济蓝皮书开始的2010年度皮书系列中，每本纸质皮书附赠的产品从先前的电子光盘变为更具价值的皮书数据库阅读卡。

2010年5月，中国皮书网正式改版上线。中国皮书网作为皮书系列出版物数字化的支持平台、皮书信息的发布和展示平台、与各皮书课题组开展互动交流的网络平台，在皮书系列的宣传和推广上发挥了重要作用。

2010 年 9 月,"2010 年中国经济社会形势报告会暨第十一次全国皮书工作研讨会"在福建福州举行。

2010 年 9 月,皮书学术委员会成立,委员会由在各个学科领域有一定的学术影响力、了解皮书编创出版并持续关注皮书品牌的专家学者组成。皮书学术委员会的成立为进一步提高皮书这一品牌的学术质量、为学术界构建一个更大的学术出版与学术推广平台提供了专家支持。

2010 年 11 月,社会科学文献出版社 2010 年皮书工作会议暨皮书编辑培训和资格认证仪式在北京召开。本次会议讨论了 2009、2010 年度皮书各项监测指标的监测结果以及 2011 年皮书出版营销方案,并对社内皮书编辑进行专项培训和颁发皮书编辑资格证书。

2011 年 2 月,"2011 年全国皮书研讨会"在北京京西宾馆举行。本次研讨会以"皮书研创、出版、发布的规范与创新"为主题,围绕贯彻落实中国社会科学院院长陈奎元和常务副院长王伟光关于加强皮书研创、出版和发布的指示精神,中国社会科学院领导、各皮书课题组、出版社就全面规范皮书的研创、出版和发布工作,大力提高皮书内容质量,强化皮书系列的整体品牌效应等方面达成了共识。

2011 年 3 月,皮书数据库(二期)全新改版并正式上线,全面整合个人用户版和机构用户版,并在内容资源整合、技术平台建设方面全面升级。

2011年3月，正式颁布并实施《皮书主编工作条例》和《皮书编辑出版工作条例》，成为皮书研创、编辑的重要操作规范之一，为皮书内容质量的提升起到了积极推动作用。

2011年8月，第二届优秀皮书奖评奖活动举行。本次评奖是在皮书综合评价的基础上，按比例选出位居六大类（经济、社会政法、文化传媒、地方发展、行业、国别与地区）前列的皮书评奖候选书目。经20名评奖委员会委员匿名投票，差额评选出第二届优秀皮书奖10名，第二届优秀皮书奖·提名奖20名。

2011年8月，首次由中国社会科学院主办的皮书年会在安徽省合肥市举行。中国社会科学院副院长李扬，中共合肥市委副书记、市长吴存荣，新闻出版总署出版管理司副司长陈亚明，安徽省合肥市政协主席董昭礼等领导，以及来自全国各行业、各区域的皮书课题组代表、专家、学者、媒体记者200余人出席本次会议。与会课题组代表围绕皮书的结构优化与分类管理、皮书研创与指数研究等主题进行热烈讨论，并取得了丰硕的研讨成果。

2011年10月，2012年版皮书出版营销工作会议在北京召开。本次会议对2010年度皮书经济效益评估、2012年皮书出版计划、营销方案、分类管理等内容进行了研讨，进一步规范了皮书内容，理顺了皮书出版流程。

2011年11月，在中国出版协会和中国新闻出版研究院主办的"2011年第五届全国新闻出版业网站年会"上，中国皮书网在2011年全国新闻出版业网站荣誉评选中荣获"2011最具商业价值网站"。

2011年12月,《经济蓝皮书》《社会蓝皮书》等44种皮书列入首批"中国社会科学院创新工程学术出版资助项目"。

2012年4月,社会科学文献出版社与荷兰Brill出版社联合组织邀请中国社会科学院欧洲研究所所长、国际学部副主任、《欧洲蓝皮书》主编周弘,中国社会科学院社会学所所长、学部委员、《社会蓝皮书》主编李培林在荷兰莱顿大学进行专题演讲。

2012年4月,在伦敦书展期间社会科学文献出版社发布了《中国金融发展报告》《应对气候变化报告》《全球政治与安全》等英文版皮书,并举办了"全球经济失衡与中国发展"的主题学术活动。中国社会科学院副院长李扬出席会议并发表了题为"全球经济失衡与中国经济发展"的主题演讲,时任中国社会科学院社会学所所长李培林、中国社会科学院财经战略研究院院长高培勇、中国社会科学院世界经济与政治研究所所长张宇燕等专家学者参加了上述活动。

2012年9月,继2009年、2011年颁发优秀皮书奖后,第三届优秀皮书奖首次对皮书中的单篇报告进行了评选,旨在进一步提升皮书品牌的研创水平。本次评奖工作是经皮书主编或课题组推荐,从2009~2011年出版的436种皮书、8000余篇报告中推选出356篇参与评奖。社会科学文献出版社组织专家和资深编辑进行分类初评,按比例择优评选出75篇报告。经过皮书评奖委员会匿名投票,最终差额评选出33篇优秀报告。其中《加速转型中的中国城镇化与城市发展》《全国省域经济综合竞争力总体评价报告》《中国经济形势分析与预测——2010年秋季报告》等11篇报告获一等奖,《中国的低生育水平及有关认识问题》《西部经济十年发展报告及2009年经济形势预测》《中国100强企业社会责任发展指数(2011)》等22篇报告获二等奖。

2012年9月,由中国社会科学院主办,社会科学文献出版社和江西省社会科学院共同承办的"第十三次全国皮书年会(2012)"在江西南昌隆重举行。时任中国社会科学院常务副院长王伟光,江西省委常委、常务副省长凌成兴,中国社会科学院副院长李扬,全国哲学社会科学规划办副主任赵川东,江西省社会科学院院长汪玉奇,中国社会科学院学部委员、社会学研究所所长李培林,社会科学文献出版社社长谢寿光等有关领导出席开幕式并发表讲话。来自中国社会科学院、地方社会科学院系统以及各高校、研究院所的300余名皮书课题组主编、专家、学者和媒体记者出席了会议。与会课题组代表围绕皮书的内容创新与出版规范这一主题进行热烈讨论,并取得了丰硕的研讨成果。

2012年11月,为进一步落实2012年皮书工作会议精神,2013年社会科学文献出版社皮书工作会议在北京召开。本次会议对2013年皮书的新版封面、新版式、2013年皮书出版计划等工作内容进行了审定,主要对2013年的皮书品牌管理办法进行了商讨,确定了出台门店类皮书整体运营方案、设立皮书序列号、严格执行皮书内容重复率检测等皮书品牌管理相关实施细则。

2012年12月,为进一步规范中国社会科学院皮书的资助,提高皮书的学术水平和出版质量，中国社会科学院于 2012 年 10 月 31 日院长办公会议通过并实施《中国社会科学院皮书资助规定（试行）》。

2012 年 12 月，在由中国出版协会、中国新闻出版研究院主办的"2012 全国新闻出版业网站年会"上，中国皮书网在 2012 年全国新闻出版业网站系列荣誉评选中荣获"出版业网站百强"。

2013 年 3 月，为进一步加强皮书学术规范，提升皮书质量，维护好皮书品牌，社会科学文献出版社制定并颁布了《关于严格控制皮书内容重复率的规定》。该规定指出，皮书内容重复率合格标准为，整本皮书和单篇报告中引用政府公文、媒体报道、他人论文、著作，作者本人已发表或部分发表报告的字数占该报告总字数的百分比不超过 15%。

2013 年 6 月，由中国社会科学院科研局主办的"2013 年度中国社会科学院皮书工作会议"在京举行。时任中国社会科学院副秘书长、科研局局长晋保平，科研局副局长朝克，科研局成果处处长薛增朝，美国所、农发所、社会学所、宗教所等获得皮书资助的皮书主编和所属研究所科研处领导，以及社会科学文献出版社皮书相关领导近 80 人参加了本次会议。晋保平副秘书长、薛增朝处长、谢寿光社长以及部分皮书主编围绕皮书资助、成果发布、出版管理等内容进行了发言。会议公布了 2013 年拟资助的 40 种皮书名单。

2013 年 8 月，"第二届皮书学术委员会第二次全体会议暨第四届优秀皮书奖评审会"在京顺利召开。中国社会科学院副院长李扬担任本届评奖委员会主任，李培林副院长等来自中国社会科学院、贵州省社会科学院、清华大学、北京大学、西北大学的知名专家学者，以及新华社、《中国青年报》等资深媒体人共计21人担任了本次评奖工作的评奖委员。本次评奖是在皮书综合评价的基础上，按比例选出位居六大类（经济、社会政法、文化传媒、地方发展、行业、国别与地区）前列的皮书评奖候选书目。经评奖委员会委员匿名投票，最终评选出第四届优秀皮书奖获奖皮书，其中《法治蓝皮书：中国法治发展报告 No.10（2012）》等9本皮书获一等奖，《房地产蓝皮书：中国房地产发展报告 No.9》等15本皮书获二等奖，《澳门蓝皮书：澳门经济社会发展报告（2011~2012）》等12本皮书获三等奖。

2013年8月，为了进一步提高皮书的质量，扩大影响，把中国社会科学院关于皮书科研管理和科研创新的机制推广到院外皮书的研创出版中，应广大院外皮书课题组的要求，《院外皮书使用中国社会科学院创新工程学术出版项目标识的规定（试行）》于2013年8月9日正式颁布实施，依据规定将择优、分批分步在院外皮书上标注"中国社会科学院创新工程学术出版项目"字样。首批35种院外皮书是以2011年、2012年皮书评价得分为主要依据，经过初评、复评、皮书学术委员会专家匿名投票评审，从59种候选书目中遴选出来的。这些皮书将于2014年起使用"中国社会科学院创新工程学术出版项目"标识。使用此标识，须严格遵守中国社会科学院《院外皮书使用中国社会科学院创新工程学术出版项目标识的规定（试行）》。

2013年8月，由中国社会科学院主办，甘肃省社会科学院、社会科学文献出版社共同承办的"第十四次全国皮书年会（2013）"在甘肃兰州隆重召开。时任国家新闻出版广电总局副局长邬书林，甘肃省省委常委、宣传部部长连辑，中国社会科学院副院长李扬、李培林，国家哲学社会科学规划办副主任姜培茂，中国社会科学院副秘书长、科研局局长晋保平，甘肃省委宣传部副部长、甘肃社会科学院书记范鹏，甘肃省社会科学院院长王福生，社会科学文献出版社社长谢寿光等出席开幕式。来自中国社会科学院、地方社会科学院以及高校、政府研究机构等机构的300余名皮书课题组主编、专家、学者和媒体记者出席了会议。与会课题组代表围绕皮书研创与智库建设、一流智库建设与皮书研创、地方智库创新与皮书研创、高校智库功能与皮书研创、智库影响力与皮书研创、文化大繁荣与智库影响力等主题进行热烈讨论，就如何研创高质量的皮书，建设一流智库达成了高度的共识，各皮书课题组表示将加强合作，共同推动全球智库交流和推广平台的建立。

2013年9月，"皮书评价数据库"平台（一期）正式上线并使用。该平台结合现有图书ERP系统，具有采集ERP系统中皮书基本信息的功能，通过录入皮书评价分类和指标，进行皮书初评与合议，实现了数据结果自动化计算、汇总及多种类报表展示等功能，推进了皮书评价的信息化操作和科学化管理。

2013年11月，社会科学文献出版社2014年皮书编辑出版工作会议举行，会议对2014年皮书的出版、营销工作进行了安排，交流了皮书策划、编辑经验，为2014年皮书品牌的发展打下坚实的基础。

2013年12月，社会科学文献出版社召开了2013年度皮书评价（复评）会。会议使用最新的皮书内容评价指标体系，按照统一标准对2013年版的部分皮书的研究主题价值与意义、科学性、创新性、前沿性、应用性进行分类评审，并对2013年版的皮书进行年度十大皮书评选工作。

2014年1月，"2013（第七届）全国新闻出版业网站年会"在北京举办，本届年会以"战略制胜 管理创新"为主题，邀请国际国内行业专家以及出版单位、发行企业、技术服务商等数百家单位参会，紧扣国家发展政策、围绕互联网发展趋势，梳理行业互联网阶段性发展成果、树立行业网站品牌形象、共商互联网发展前景。中国皮书网获"最具商业价值网站"。

2014年3月，社会科学文献出版社2014年度春季皮书工作会议在蓝厅召开，社长谢寿光、总编辑杨群、副总编辑周丽、皮书研究院执行院长蔡继辉及各分社社长、出版中心主任，所有持证皮书编辑，皮书文稿编辑，及拟担任皮书编辑的编辑，皮书研究院、总编室、人力资源部相关人员近50人参加了会议。中国社会科学院科研局成果处处长薛增朝出席会议并发言。

2014年4月，出台《社会科学文献出版社关于加强皮书编审工作的有关规定》《社会科学文献出版社皮书责任编辑管理规定》《社会科学文献出版社关于皮书准入与退出的若干规定（试行）》。

2014年5月，院务会议通过《中国社会科学院皮书管理办法》。

2014 年 5 月,社会科学文献出版社在蓝厅召开"2013 年版皮书(评价)复评会暨第五届优秀皮书奖初评"会议。

2014 年 7 月,第三届皮书学术评审委员会成立。

2014 年 8 月,"第十五次全国皮书年会(2014)"在贵阳召开。

图书在版编目(CIP)数据

皮书研创与智库建设/谢曙光主编. —北京：社会科学文献出版社，2014.8
（皮书研究）
ISBN 978-7-5097-6350-6

Ⅰ.①皮… Ⅱ.①谢… Ⅲ.①社会科学-皮书-研究-中国 Ⅳ.①C12

中国版本图书馆 CIP 数据核字（2014）第 175537 号

皮书研究·二
皮书研创与智库建设

主　　编 / 谢曙光
副 主 编 / 蔡继辉　吴　丹

出 版 人 / 谢寿光
出 版 者 / 社会科学文献出版社
地　　址 / 北京市西城区北三环中路甲 29 号院 3 号楼华龙大厦
邮政编码 / 100029

责任部门 / 皮书出版分社 (010) 59367127　　责任编辑 / 丁　凡 等
电子信箱 / pishubu@ssap.cn　　　　　　　　责任校对 / 丁阿丽
项目统筹 / 邓泳红　　　　　　　　　　　　　责任印制 / 岳　阳
经　　销 / 社会科学文献出版社市场营销中心 (010) 59367081　59367089
读者服务 / 读者服务中心 (010) 59367028

印　　装 / 北京季蜂印刷有限公司
开　　本 / 787mm×1092mm　1/16　　　印　张 / 17.75
版　　次 / 2014 年 8 月第 1 版　　　　　字　数 / 200 千字
印　　次 / 2014 年 8 月第 1 次印刷
书　　号 / ISBN 978-7-5097-6350-6
定　　价 / 49.00 元

本书如有破损、缺页、装订错误，请与本社读者服务中心联系更换
▲ 版权所有　翻印必究